PRINCIPLES OF
INTANGIBLE CULTURAL
HERITAGE STUDIES

非遗学原理

冯骥才

著

人民文学出版社

图书在版编目(CIP)数据

非遗学原理 / 冯骥才著. -- 北京：人民文学出版社，2024. -- ISBN 978-7-02-018933-5

Ⅰ．G122

中国国家版本馆 CIP 数据核字第 2024SM3479 号

选题策划	脚	印
责任编辑	王	蔚
装帧设计	陶	雷
责任印制	王重艺	

出版发行	人民文学出版社
社　　址	北京市朝内大街 166 号
邮政编码	100705

印　　刷	三河市中晟雅豪印务有限公司
经　　销	全国新华书店等

字　　数	82 千字
开　　本	850 毫米×1168 毫米　1/32
印　　张	5.625　插页 17
版　　次	2024 年 9 月北京第 1 版
印　　次	2024 年 9 月第 1 次印刷

书　　号	978-7-02-018933-5
定　　价	39.00 元

如有印装质量问题,请与本社图书销售中心调换。电话:010-65233595

作者简介

冯骥才

1942年生于天津,祖籍浙江宁波。中国当代作家、画家和文化学者,天津大学冯骥才文学艺术研究院院长。他是"伤痕文学"代表作家,其"文化反思小说"在当今文坛影响深远。代表作有《神鞭》《三寸金莲》《一百个人的十年》《俗世奇人》《艺术家们》等。作品二百余种,被译成二十余种文字,多次在海内外获奖。20世纪90年代以来,冯骥才投身于城市历史遗产和民间文化遗产的抢救,主持了"中国民间文化遗产抢救工程",大力推动传统村落的保护,对当代人文中国产生巨大影响。近年来,他倡导并致力于"非遗学"学科建设,积极探索全新的"非遗学"理论体系和教学方法。

目 录

1　自序　为非遗学立言与立论

上编：立论

3　非遗学原理

30　传承人口述史的新方法
　　　——关于非遗的视觉调查与记录

39　非遗的地域代表性

46　非遗博物馆的特性

59　非遗美学问题断想

66　一门从田野到田野的学问
　　　——论非遗学本质

下编：立言

79　建立国家非遗保护的科学体系

84　把建设非遗学大厦的第一层砖放正放稳放实

90　向我国首届非遗学研究生说

97　共同建设非遗学

102　在田野开花，在田野结果

107　一道崭新的学术风景

111　非遗学充满学术空白

附录：非遗研究项目举要

115　为未来记录历史

　　　——中国木版年画普查总结

127　一个古画乡田野调查的全记录

132　为大地之花建档

140　一定要为唐卡建立文化档案

144　唐卡立档的缘起与意义

150　活着的遗产

　　　——关于民间文化传承人的调查与认定

157　为传承人口述史立论

161　让灿烂的口头文学永远相传下去

168　总目之意义

自序　为非遗学立言与立论

一条江水的源头总是令人痴迷。它没有波涛汹涌，没有滚滚洪流，或许只有一些断断续续的涓涓细水，在山口的乱石和丛莽中闪闪发光、跳跃。其实所有宏大事物最初都是这般景象。记得本世纪初，联合国教科文组织《保护非物质文化遗产公约》刚刚确立，许多人对"非物质文化"这个概念还闻所未闻、不得其解，我国学者向云驹先生就写了《人类口头和非物质遗产》一书，旨在向国人介绍这类遗产的性质、本质、特征、重要性、整体与逻辑，以及相关的知识等等。他请我写序。也许由于这本书的理论太超前，我竟然在序中写了这样一段话："从学科理论的创建上说，这是平地起楼。它无论对于当代中国的遗产保护，还是民间文化的田野普查与整理，都是必要和重要的理论支持。而其本身已具有文化遗产学的骨架与气象了。"

记得联合国教科文组织驻北京的代表青岛泰之先生看过这本书的书稿后对我说："这是关于非遗的第一本书。"

时间过去了二十年，现在重读自己这段话时，不禁暗暗吃惊。那时我就"先知先觉"有了"非遗学"的概念吗？这是向云驹给我的一种启发，是学者们的学术敏感，还是我们已然朦朦胧胧有了一种崭新的遗产观？

是的。是学术敏感，是一种新的遗产观，于是，眼前升起了一片梦幻般、全新的学科景象。这景象在蓬勃发展的非遗事业中愈来愈清晰。因此，今天"非遗学"的出现，已不再是学术的狂想，而是学术的必然。它的出现表现了我们的学术界高度的文化自觉与前卫的精神。

一个学科的建立首先是要为它立言，继而为它立论。立言是阐发学科的重要性、独立性和必不可少，呼吁更多学人的关切和加入；立论则是要阐明学科的使命、立场、特征、核心内容与内在逻辑，竖立起它的框架。我们之所以要为它立言立论，是因为：非遗学的学术独立性还被质疑，还在与相关的民俗学和民艺学扰在一起，难以剥离；尤其是在面对非遗现实复杂的问题与困难时，我们的理论应对艰难；我们手中的非遗学还有诸多空白，还缺乏足够的得心应手的学术工具。

尽管我们已经做得很快很多，但还不够快不够充分。非遗学无疑是一个"前程远大"的学术生命，现在却还身处少年。我们最重要的工作是从非遗学理论的原点出发，探索非遗学自身的本质、特征、构成，逐步并严密地建构起它的知识体系与理论体系。

从非遗概念诞生伊始，我便工作其中。非遗是我对中华文化的关切点；为它立言立论，也是我必须承担的一种使命。为此，我将自己二十年来对非遗及其学科本身的思考与言论，摘要结成此集，以表达我在非遗学元理论上的个见。同时，也把我所做一些具体的、大型的非遗项目时的种种探索，举要附录书中，这些个案都是非遗学必需的工作实践。

在一个学科的初创时期，学术需要探索、凿空、开拓、讨论；需要不揣浅陋，不惧失败，投砾引珠，是为本意。因编此小书，并作序，自表白。

2024.5.27　沽上醒夜轩

上 编

立 论

非遗学原理

非遗学是一个新学科，一个独立的学科。本文试图阐述它无可辩驳的独立性，它的学术本质，从元理论角度勾勒出非遗学卓尔不群的学科样貌。

一个新学科在刚刚确立时，它的独立性常常会被怀疑。新学科的倡导者们必然要遭遇挑战，不时会被诘问：非遗不就是民间文化吗？有必要另设一个学科吗？它本身能否成为一个学科？它具备足够的材料盖一座高楼大厦吗？

若要做出有力的回答还要靠新学科自己。

一、非遗的缘起

首先要说，非遗学的怀疑者毫无疑问是被历史误导了。这个历史是在"非遗"诞生的过程中发生的。

上世纪后半期，人类开始认识到前人留下的历史创造中，除去物质性的文化遗址、建筑、器物、艺术品之外，还有大量精神性的遗产保存在代代相传的口头、活态、无形的行为与技艺中。它们和物质遗存一样，同样是必须永远保存的历史财富。然而人类任何一个伟大的自我认识，最初都是知音寥寥，非常孤寂。这些具有先觉意义的认知，最先只在日本与韩国等一些国家的学者中被认可，直到本世纪初才渐渐产生国际性的共识。2003年联合国教科文组织将这类文化遗产确定为"非物质文化遗产"，通过了《保护非物质文化遗产公约》。我国是公约最早的缔约国之一。"非物质文化遗产"在我国被简称为"非遗"。

历史地说，非遗是一个伟大的概念。它的诞生，表明人类对历史遗产认识的一个新高度，一个新突破，一个新发现。它发现了人类在原有的遗产（物质文化遗产）之外，还有一宗极其巨大、绚丽多姿、活态的历史遗产，这便使它得到抢救和保护，免于在时代的更迭中泯灭。这是人类一次伟大的文化自觉，是文明史上一个伟大的进步。

早在非遗概念出现之前，人们将这一类型和范畴的文化称为"民间文化",并建立起相应的科学而完整的知识体系与理论体系,譬如民俗学、民艺学、民间文化学等等。

在漫长的农耕社会中,民间文化的生长非常缓慢。它不是发展的模式,而是一种积淀的模式。它一直保持着相当稳定甚至是一种恒定的状态。然而,工业革命以来就不同了,社会骤然转型,固有的民间文化开始瓦解。这一变化在我国来得晚一些,到了上世纪后期,受到工业化和城市化的迅猛冲击,民间文化才快速消散以致濒危,致使一些敏感而先觉的人士急切地呼吁抢救和保护。此时,对民间文化的称呼也出现了一些前所未有的改变:比如在"民间文化"后边加上"遗产"二字,称为"民间文化遗产";再比如本世纪初进行的大规模的"中国民间文化遗产抢救工程"。

于是,这一时期(二十一世纪初),同时出现两个概念:民间文化遗产和非遗。这两个概念本质相同。不同的是,民间文化遗产的概念来自学界,非遗的概念来自政府,因为非遗是由各国政府共同确定的。

政府作为遗产的第一责任人,为了便于对遗产进行管理,必须将遗产分类。于是文化遗产被分为两大类:一种是物质性的文化遗产，一种是非物质性的文化遗产，即非遗。可是，非遗是个新概念，需要知识支撑，由于非遗与民间文化在客观上是同一事物，同一范畴，故而，非遗最初使用的知识，都是从现成的民俗学、艺术学去拿。连国家制定"非遗名录"的分类，也参考了民俗学与艺术学的分类法；甄选和评定国家非遗的标准，也大多来自资深的民俗学者和艺术学者的修养与经验。这样，人们自然以为非遗只是一种政府称呼或官方概念。进而认为，所谓的非遗学不过是政府文化遗产保护不成体系的工具论而已，非遗学没有完整的知识，最多是民俗学的一种分支或延伸，一称"后民俗学"。

在被各种歧义与悖论充分发挥之后，非遗学该站出来说明自己了。

二、非遗学的立场

如上所说，由于民俗学与新崛起的非遗学面对的是同一对象——民间文化，又由于最初参与非遗抢救、整理和研究工作的学者基本来自民俗学界，人们便顺理成章地认为，非遗只是民俗学遇到了一项时代性和社会性的工作，自然还在民俗学的范畴之内。

可是一些敏锐的学者发现，这项史无前例的工作，较之以往的民俗学大不相同。不仅所做的事情不同，其性质、方法、目的也完全不同。值得注意的是2004年向云驹《人类口头和非物质遗产》的出版。这是最早对于非遗知识体系进行建构和描述的著作，今天看来，已具非遗学的基本形态。可是这一年无论是国际还是国内的非遗事业都才刚刚起步。它表明了我国学界的学术敏感、开阔视野和极强的开创性。

这部书不仅展示了一个崭新而辽阔的学术空间，还显现了一个学术立场——非遗学立场。这是一个有别于民间文化学和民俗学的立场。这个立场就是遗产。可惜我们当时并没有认识到这部书深在的意义。

学术的立场是学术的出发点，也是学术的原点。它决定了学术的性质、内容、方法与目的。从不同立场出发，我们看到的事物的特征、要素、规律、功能、意义就会完全不同。就像对于一个人，周围不同的人从各自的立场（不同的身份、地位、利益、观念等）出发，看到的人物就会全然不同。

　　站在遗产这个立场来看，我们所做的非遗的认定、抢救和保护，绝不是对民间文化做一轮重新的调查和整理，而是要对自己民族的历史文化财富"摸清家底"，这个家底就是遗产。这个工作过去从来没做过。

　　这是一个全新的工作，全新的立场，全新的视角，全新的有待探索与构建的学术。这个学术就是非遗学。

　　回过头来，还要再讨论一下遗产的概念与人类的遗产观。这有助我们对非遗学的认识。

　　在人类传统的概念中，遗产是指先人留下的私人化的财富。主要是物质性财富。但是在上世纪后半期这个传统的遗产观渐渐发生了变化。法国历史学家皮埃尔·诺拉在《法国对遗产的认识过程》中写道："在过去的二十年（二十世纪后半期），遗产的概念已经扩大，发生了变化。旧的概念把遗产认定为父母留给子女的财物，新的概念被认为是社会整体的继承物。"

　　父母留给子女的是私人遗产或家庭遗产；社会整体继承的是公共遗产，即文化遗产。文化遗产必须由社会保护和传承下去。

正是出于这个遗产观，联合国制定了第一个《保护世界文化和自然遗产公约》（1972）。人类在文化遗产保护上迈出了第一步。然而，这第一步所保护的文化遗产只是物质性的，主要是历史建筑、考古遗址、文物。那时人们还没有"非物质文化遗产"的概念。

后来，人们渐渐发现了"非遗"。这使人类的历史文化遗产变成物质的和非物质的两部分。

物质文化遗产是前一个历史时期遗留下来的珍贵的历史见证物，非物质文化遗产是历史传承至今并依然活着的文化生命。

这便构成了人类当代的遗产观。

非遗学，正是从遗产的立场出发，来认识民间文化的。但不是所有的民间文化都是非遗。非遗是其中历史文化的代表作，是当代遴选与认定的必须传承的文化经典。

是否被视为遗产，对一个事物有着显著的不同影响。当该事物有了遗产的属性，便多了一种性质、意义、价值，多了一种社会功能。这些都不是民俗学所能解释的。一件事物可以同时身在不同的知识范畴，从属于不同的学术范畴。比如佛罗伦萨花之圣母大教堂，既属于建筑学的经典，也属于遗产学的瑰宝。它们既有共同的文化内涵，也有各自不同的学术关切。建筑学关注它建筑的构造、设计、美学特征与创造性；遗产学更关注它自身的历史特征、档案、等级、保护重点与方法，以及如何传承得久远。

非遗学更关注它的存在与生命，是保护和延续它生命的科学，一个此前没有的学科。

决定非遗学独立性的根本是——遗产。

三、学科的使命与特征

学术是具有使命的。对于非遗学，使命二字尤为重要。它不仅在学者身上，还在学术本身。这也是遗产的本质决定的。遗产是前人留给我们的，也是我们留给后人的，我们要好好享用它，还要把它完好地交给后人，中间不能损坏。特别是非遗，作为一种活态的文化，很容易变异和丢失，要分外呵护好、传承好，这个使命理所当然就落在非遗学中了。民俗学没有这个使命。民俗学的使命是记录民众生活和建构民间文化，再往深处是探寻和呈现一个民族的民族性。

民俗学注重民俗事象的过去，非遗学注重非遗活生生的现在。民俗学把民间文化作为一种历史的积淀，在民俗学者眼中，民间文化是相对静止的、稳定的、很少变化的。非遗学者把非遗作为一种文化生命，在非遗学者眼中，非遗是活态的、动态的、应用的，在时代转型中充满不确定性。民俗学的工作是总结历史与描述现在，而非遗学则要通过对现存的非遗的研究来探索它们通往明天的合理的道路。

就像医学是为了守护人的生命和健康一样，非遗学是为了非遗生命的存续以及文化命脉的延续。学科的使命决定了学科的特征。于是，非遗学的使命首先决定了它的工具性。非遗学具有很强的工具性。

它既是一种纯学术，追求精准、清晰、完整、谨严、高深；又是一种工具理论，为非遗构建知识，为非遗排难解纷，因而与当下的非遗保护实践息息相通和紧密相关。非遗学毫不隐讳要直接为非遗服务，甚至为非遗所应用。

为此，非遗学是一门田野科学。在田野中认知，在田野中发现，在田野中探索，在田野中生效，从始至终都在田野。如果在田野中只局限于采风和搜集材料，就不是非遗学了。

非遗学的教育也必须在田野中进行。田野就是民间,就是活生生的民间文化。只有问道于田野,才能得到切实的答案。才能感悟到非遗的精髓与神韵,彻悟到非遗的需要,以及非遗学的学术使命是什么。

不肩负学术使命的是伪非遗学。因此说,非遗教育中一定包含着责任教育。

非遗教育的目标,是培养两种人才。一是非遗的研究人才,二是非遗的管理人才。然而,对于本世纪初刚刚进入人类保护视野的非遗,既缺乏研究乃至认知,更缺少科学的管理和管理的人才。非遗学的学术使命肩负着现实的紧迫性。

四、核心工作

面对非遗,非遗学有三项工作是核心,是重中之重:其一,立档;其二,保护;其三,传承。立档主要是对非遗的历史而言,保护是永远首要的主题,传承是为了遗产的延续与永在。在非遗学中这三项工作既是工作实际,更是核心的学术内容。

立档

立档是指建立档案。民间文化是大众为自己创造的文化，自然流传，不传辄亡，自生自灭，没有记载，各种应用的器物也很少存惜。一种民俗或民艺一旦消泯，便了无痕迹。如果本世纪的前十年没有大规模非遗抢救和"保护名录"的建立，恐怕大量非遗早已消散得无影无踪。没有历史文献和档案是非遗的一个重大问题。故而非遗学首要的工作是为每一项非遗制作档案。

这里说的档案，不是政府部门的管理档案，而是非遗学的学术资料性的存录。立档本身也是学术工作，是最根本最基础的工作。

档案存录历史，也为明天存录今天。

怎样的档案才是理想的档案？非遗学起步晚，没有太好的实例。民俗学中，著名的芬兰文学学会的口传文学资料档案库是一个极好的范例，但口头文学是一个例外，因为口头文学有搜集文本，又有书面文学做参考。其他非遗就复杂多了，构成不同，各有特点，立档时调查记录的方法必须与非遗各自不同的特点相结合，每种非遗档案便都是个案。同时，资料的整理和档案的编制必须专业化。由于我国非遗的形式太过纷繁，立档的规范是要首先研究和确定的。

现今我国已知非遗超过十万项，但保护力量十分有限。大多数非遗没有建立起系统的科学保护。如果不做存录，不做收集、调查、整理，没有立档，一旦传承受阻，瓦解失散，了无存证，才是真正的消亡。比如一些五十年前还"活着"的民间戏曲，如今消亡后没有档案，其面貌已无从得知。

非遗是活态存在，各种原因都可致其消亡，这就给海量的非遗的存录和立档增加了时间的压力。

保护

非遗保护是非遗学核心的核心。

非遗学要为非遗的保护进行探索和研究，提供科学的理念、标准与方法。

自从我国建立了国家级非遗保护名录（2006），保护已成为社会文化生活中的一个关键词。全民的现代文明的遗产观开始形成，文化自觉已经显现。遗产保护的终极目标是：

物质文化遗产的原真性和非物质文化遗产的原生态。保护原真性是指物质遗产的保存完整和附着在遗产上的历史文化信息不丢失。保护原生态是指保留住非遗的原本的文化形态与生命状态。原生态的判定是关键。但很多非遗没有做过这方面的研判，保护标准没有确定。如果保护没有凭借，是很容易得而复失的。保护标准的确定必须要有学术支撑。

关于保护方式，多年来已做过不少探索与建设。其中最重要的是2011年我国颁布了《中华人民共和国非物质文化遗产法》（简称《非遗法》），为非遗保护提供了法律保证。此外还有名录保护、制度保护、传承人保护、博物馆保护、教育保护等等，渐成体系。这些保护都发挥了作用，同时也都没有能够抵制住现代市场社会和旅游经济带来的强势冲击。这些都是非遗学直接面对的重要课题。非遗保护需要非遗学提供的主要是科学的理念，以及相关的标准、规则和专业的方法。但还有一个问题需要解决，即非遗学通过什么途径作用于保护实践。

传承

民俗学和遗产学对待传承这个概念的态度不同。民俗学认为传承是顺其自然的,是一个个民俗或民艺事象流传下来的民间方式。民俗学不会人为地介入民间文化传承。非遗学则不然。为了让非遗存在下去,一定要促其传承。

可是,这个"促"是人为的,如何"促"才不是负面干预的?如何做才是科学而非反科学的?这需要非遗学自己来回答,来解决。

非遗的传承在当代碰到一个令人挠头的问题,也是一个时代的难题:非遗原本是来自民间的一种精神和文化的需要,或者说非遗是百姓的一种精神文化生活。但是到了市场经济时代,这种富于魅力的地方文化难免被转化为旅游工具和旅游商品。这种转化,会使非遗不知不觉地与原本的精神需求脱钩,最后留给游人的便只是一种观赏性的原形态,而没有精神性的原生态了。在当代,世界各地旅游地区的民俗与民艺所碰到的是同一个问题,这是非遗面临的无法绕开的困扰。如果非遗的内涵与功能发生了质变,会不会名存实亡?那么,非遗到底要传承什么?哪些必须恪守不变?应该用怎样的方式存在与传承?面对这类时代性的挑战,非遗学必须在思想和理论上做出切实和有效的应对。

立档、保护、传承，这三项工作，都是非遗学核心的工作、核心的学术问题，也是其学科价值之所在。

五、关注点

非遗学有几个关注点，这是非遗学独有的，它们共同构成了非遗学的学科编码。

（一）地域性

人类保护文化遗产的目的之一，是保护文化的多样性。这个文化的多样性是由各种不同的文化个性共同体现的。也就是说，保护文化的多样性，就是保护好每一种文化的个性。

文化的个性往往来自它的地域性。特别是民间文化。

民间文化比精英文化更具地域性。因为精英文化是个人创造，民间文化是集体创造、集体认同。非遗具有集体性。历史上，各个地域相对封闭，各种文化都是在一己的天地里，渐渐形成和加深了自己独有的文化气质与特征。所谓"五里不同风，十里不同俗"。这是民间文化的特点与本质，更是非遗的特点与本质。

所以,能作为绍兴的地域文化代表的不是鲁迅,不是阿Q,而是莲花落、乌篷船和梁祝传说。

非遗的地域性是非遗最重要的文化特征。特别是现代社会,愈具有地域特色的非遗,愈具有这个地方文化的标志性。

我国幅员辽阔,民族众多,历史错综,地域多样,风情各异,致使各地的文化内涵深厚,特色鲜明。但绝大多数非遗的地域特征未被阐释过,对它们的深究与阐明是非遗学不能绕过的课题。

(二)审美个性

非遗学重视非遗的审美。

因为所有非遗,都是一种美的呈现,不管这种非遗是不是艺术类。在民间,一切文化都用美来表达。不论是色彩的、声音的、姿态的、形象的,还是一种节庆,一种习俗,一种仪式,必含有一种独到的美。这是非遗的神髓。

民间美来自大众的审美心理与需求,因民族和地域的不同而不同。不同的美体现和彰显不同地域的个性。

民间美还有一个特性。它既是个性的，又是共性的。它不同于精英创造的美。精英美纯属个人的创造，民间美则是一个地方的人集体的创造和集体的认同。所以，这种地域共性的美就是它个性的美。

精英美是自觉的，民间美是自发的；精英美追求不断出新，民间美则是世代积累和世代相传；精英美追求自己，民间美认同本地的传统。因此，民间美为那一方土地所独有，是那里的文化最耀眼、最富魅力的地方。这种美鲜明地表现在当地特有的风俗、礼仪、游艺、舞乐中，突出地体现在当地别样的建筑、服装、工艺、手艺及其造型、色彩、线条、图案上。这种美具有不可替代的价值。

所以，对非遗的审美贯穿着整个非遗学。我们要从审美的角度去感受非遗，认知非遗，研判非遗，保护和传承非遗。为此，我们必须具有审美修养和文化修养。

可以相信，民间美学是非遗学研究的范畴之一，也是未来美学的范畴之一。

（三）传承人

传承人在人类学中常常涉及，在民俗学中不是主要关注的对象。民俗学更关注民俗事象。然而在非遗学中传承人极其重要，因为非遗承载在传承人身上。传承人是非遗的主人。没有传承人，非遗便不复存在。

因此在政府管理遗产中，传承人是政府管理非遗相关事务的主要"把手"，名为"代表性传承人"。但在历史上，传承人没有"代表性"一说，都是一种自然存在，都是"自然传人"。

"代表性传承人"不属于民俗学，只属于非遗学。

"代表性传承人"是为了管理好非遗，从各项非遗中遴选和认定的历史上传承有序、技艺高超、在当地影响较大的传人（日韩都有传承人认证制度）。一项非遗一般确定一两个"代表性传承人"。他们无疑应是非遗保护重点关注的对象。然而，作为非遗学者，不能仅仅关注"代表性传承人"，而应该广泛地观照所有的自然传人，从而全面了解和整体把握该项非遗，因为大量历史信息和技艺细节不只保留在极少数的"代表性传承人"那里，而是散布在民间自然传人的群体中。应该强调，非遗学者与政府管理者的工作有所不同，各司其职，共同合作。非遗学者要从文化规律出发，要有前瞻性。

我们现在已经开始用口述史的方式记录传承人身上保留的无形遗产。这是活态的非遗最重要的"遗产内容"，包括两部分：一是传承人头脑中的记忆，二是传承人手上或身上的技艺。

传承人口述是非遗珍贵的第一手研究材料。

非遗学十分看重传承人口述史。只有口述史可以将传承人身上无形的、动态的、不确定的"遗产内容"变为确定的文字。然而，现在所做的传承人口述史多是较平浅的"调查记录"，多是行业经历的调查，没有把传承人作为一个"人"进行生命性的挖掘，更没有深度的文化追寻。文本与写作的方式也缺少探索。所以，这样的传承人口述史做完之后，大多作为调查材料放在一边，不再深入研究。如果没有对传承人口述史做延伸研究，实际上仍然没有真正地拥有这项非遗。

（四）技艺

非遗的传承，关键是技艺的传承。一个传人，无论是舞者、绣娘、艺匠还是武人，他们身怀独门绝技，技艺炉火纯青，这是那一方古老土地独特的人文创造，代代传承并极其珍贵地保留在他们身上。技艺是非遗的精华，也是传承人价值的体现。因此，非遗传承的关键是他们身上的技艺。如果对这些相传已久的、关键性的、精粹的技艺自我认识不足，在使用和流传过程中丢失了，这项非遗的含金量便打折扣了。这是非遗学的新课题。对非遗技艺的科学总结、重点技艺全信息的记录，以及新出现的传承路径与方式，都是非遗学者的关注点。

民俗学不以技艺为关注点，非遗学却以技艺为重中之重。因为技艺是非遗的生命。

（五）活态

在非遗学者眼中，非遗是活态的。

非遗学关注非遗的活态主要是：一是它的生态，一是它的变化。在进入现代社会后，非遗受到经济生活与时代审美的影响，被动和主动的变化都在日渐增多。我们对非遗的关注主要是三方面：1.是否保持传统技艺，是否坚持使用传统工具，是否遵循传统（工艺、表演或民俗）程序；2.是否保留了该非遗的历史经典；3.是否传承有序，是否真正做到完整的衣钵相传。

对活态变化的关注是非遗保护中至关重要的一项。比如在当今的旅游市场上，如何区别是时代性的自我主动改变，还是在旅游压力下的被动改变，这些都要进行文化思辨。文化思辨和文化比较是非遗学最积极的学术思维。

当我们自觉或不自觉具备了这些关注点，我们就身在非遗学中了。

六、学科交叉与交叉学科

非遗学是独立的。由于它涉及广泛，与一些既有的学科必然会重叠或关联，必然会交叉、融合、合作。一方面，在研究上跨学科；另一方面，在学科构建上，必然要采用已有的不同系统的知识，进行超学科的整合，以健全非遗学。这里，从非遗学学科的构建出发，列出主要的需要交叉的学科如下：

民俗学

艺术学

民族学

管理学

法学

档案学

视觉人类学

口述史

博物馆学

文物学

早在建立国家非遗名录,对浩如烟海、缤纷多样的非遗进行分类时,就采用了民俗学和艺术学的一些分类法。人类在对世界的认知上,先成熟的一定会影响尚未成熟的,非遗学是后发学科,由于研究对象与民俗学、艺术学相同或相近,在知识体系构建上,必然会融合民俗学和艺术学。这种"为我所用"的思想方法,还会长期使用。但同时也要进行学科的区别。学科的混淆会模糊各自的独立性,限制学科的自身发展;区别是为了明确自己学科独特的性质、使命、特征、价值、标准与方向。

我国是多民族国家,少数民族异彩纷呈的非遗是中华民族宝贵的历史文化财富。少数民族大多没有精英文化,甚至没有文字，其民族的历史及文化特征主要表现在非遗上。少数民族非遗的保护离不开与民族学的合作。

在当代社会的非遗保护实践中，最前沿和直接的保护体现在管理上。可以说，"保护"在"管理"中。关键是管理的原则、要求、标准必须是科学的。它取决于专业研究的水准。所以，非遗保护一定要融合管理学的学理、知识与方法。非遗学在这方面要建立"非遗管理学"。非遗教育要为非遗保护——特别是一线保护培养管理人才。

非遗保护有一大套国际法规和国际标准，我国是人类非物质文化遗产最多的国家，也是列入国家非遗名录项目最多的国家。将非遗管理法规化是保护工作的必由之路，推进这一工作的学术背景是与法学的合作。

以前，民间文化全无档案。非遗确立后，首要的工作是为非遗存录与立档，立档规范必须融入档案学知识。然而，非遗的特点是活态和动态的，活态和动态的存录是一项崭新的工作。这也是同时与视觉人类学交叉之必需。

非遗学需要交叉的学科还有口述史。

我们已开创了传承人口述史，这是非遗学特有的调查与研究方式，用以挖掘与记录承载在传承人身上的无形遗产。传承人口述史要具有资料性和档案性。在口述史写作与文本上，有别于其他种类的口述史。我们已经看到传承人口述史广阔的前景，但现在对于传承人口述史的研究，尚未进入学术层面。

博物馆是非遗保护的重要方式之一。博物馆是保存、收藏、展示与弘扬非遗的场所，功能很多，这些都需要相关学科的支撑。以往博物馆的收藏与展示基本是物质的，没有非物质的。非遗的展示与收藏需要契合其特点，比如非遗活态的形象、声音、技艺和表演等的采集与展示，对于博物馆来说需要创造性的理念和对高新技术的创造性使用。现在的非遗博物馆的展陈还很表浅，远不能及。国际上也是如此，需要学术上的探索和与相关学科的合作。

再有，非遗学还要关注非遗的物质性的一面。

有些非遗的载体是非物质的，比如民歌。有些非遗的载体是物质的，比如剪纸、石雕、明式家具制作技艺等等。这些非遗，要靠物质性的作品体现非物质制作技艺的非凡和高超。此外，还有大量的丰富多彩的物质性的民俗用品、生活器物、生产工具，承载并见证着其地域独特的文化。

《新时代·新学科·新使命——非物质文化遗产学国际学术论坛论文集》 论文集
2024
天津大学出版社

这种民间的生活文化过去不被重视，现在人们渐渐认识到它们的价值，称其为"民俗文物"（或"民间文物"），开始受到学界和博物馆的关注。现在的问题是，对"民俗文物"的甄别、鉴定、分类与断代的知识系统尚未形成，且研究有限，没有开拓为一个学术空间。但是可以预见，随着非遗保护事业的发展，"民俗文物"研究将成为非遗学与文物学、博物馆学交叉融合的学术热点，并有望成为非遗学的一个学术研究方向。

阅读本文时，一定可以看出，本文着力地阐述非遗学原理的同时，一边刻意地区别非遗学与民俗学在立场、本质、性质、构成、特点、功能、意义上的不同。其缘故在于，在非遗事业肇始之时，自己没有学科，应急地动用了民俗学的知识，造成了非遗从属于民俗学的误会。当非遗学的自我意识与学科立场觉醒之后，便发觉民俗学不能阐释与探究非遗的世界，也不能解决非遗的问题。比如非遗的保护理论在民俗学那里很难深入，其中一个最根本的原因是民俗学不研究民间文化（非遗）的保护和传承。这不是民俗学的缺欠，而是不同学科的不同学术功能和使命所致。为此，非遗必须构建自己的知识体系，也有足够的原材料建立自己的学科大厦。那么，非遗学首先就要在元理论上与民俗学剥离，也就是说非遗学迈出的第一步，就是与民俗学彼此说清，分手。分手之后再合作。

本世纪以来，非遗是一个全新的概念，在社会上是一个全新的事业，在学术上是一个全新的学科，它需要我们认识的高度与自觉，需要学术的创新。我国人文学界素来感知敏锐，富于学术热情。近二十年来，已有很多热衷或有志于非遗学的学者涌现出来，出版了众多非遗学方面的著作，探索之广触及之深，在国际上应列前茅。

非遗学的迅速崛起缘于我们的非遗扎根田野大地，生命之源雄劲沛然。它体量宏大，斑斓多彩，内涵深厚，特色鲜明，富于无可估量的文化、艺术价值及学术价值。然而，如此超巨大的、活态的、历史上从没有整理过的遗产，在当代社会转型的各种冲击下，怎样做才能完美地传承？从思想和科学的层面上说，非遗学当担此重任。

这是学术使命、历史使命，也是时代责任。

目前非遗学尚属初创阶段。向前展望，它一定是一个前途无量、具有宏大和深远发展空间的学科，一个具有强大生命力的学科，由于它凭借于我国的非遗，所以必定还是一个具有中国和东方特色的学科。

一门学术的最高目标，一是构建起它的知识体系与理论体系，二是实实在在服务于相关的社会事业。面对着中华大地上数十万项彼此千差万别的非遗的保护与传承，非遗学任重道远。

2023.2.6

传承人口述史的新方法
——关于非遗的视觉调查与记录

非遗学使我们明白,以前采用的传承人口述史的方法,显然已经不能满足当下非遗记录和保护的需要,于是一种新方法产生了。

一

本世纪以来,源起于历史学的口述史,又多了一个分支,即传承人口述史。口述史是历史的亲历者根据记忆,通过口述记录历史,这对于以往单凭文献资料记录历史来说,似乎是一种鲜活的、具体的、还原于现场的、更接近真相的补充。于是,社会学、人类学、民俗学争相采用口述调查的方法。口述史的谱系便愈来愈多。

从非遗学角度看，传承人口述史的意义更为重要。这是由于历史上非遗从无文字的著录，而非遗最重要的内容——记忆和技艺，全都保存在传承人的身上。这有极大的不确定性。如果传承中断，记忆和技艺就会立即丢失，非遗也就消失。只有通过口述将这些无形的记忆和技艺转化为文字，才能将非遗确凿地保存下来。故而本世纪以来，自民间文化遗产抢救和非遗名录肇始，对传承人的口述调查便成了普遍采用的方式，不可或缺的方式，甚至唯一的方式。同时，也是为非遗立档最可靠的方法。"传承人口述史"在非遗事业中功莫大焉。于是我们将"传承人口述史"这一概念确立下来，得到学界一致的认可。随即，我们展开了对传承人口述调查的方法论的研究。这一学术的自觉，使我们渐渐形成一个科学保护非遗行之有效的方法。

二

传承人口述史与传统的民俗学采风和社会学调查有着根本性的区别。民俗学调查的对象和内容要广泛得多，传承人口述的对象却单一又明确，即传承人。调查的核心目的是要将传承人身上的无形遗产记录下来——一是记忆，一是技艺。所谓记忆，是保存在传承人记忆中的有关非遗的一切。包括传承人个人的身世、家族谱系、传承源流、文化环境、风俗仪规、生活方式、人生历程、传世经典，以及传承人对非遗的认知、观念、知识、经验、自我判断等等。技艺是指传承人独自的技艺，包括全部技能、诀窍、口诀、工具、材料、经验、程序及其从头至尾的全过程。调查方式是录音和文字整理。这是来自传统的民俗学和人类学调查的方法，也是二十年来我们对传承人的口述调查主要采用的方法。

但是，今天从非遗学的特性和需要来看，这种"由录音和整理到文本"的方式就远远不够了。

首先，非遗是形象的事物，是活态和动态的事物，抽象的文字所记录和表达的都非常有限。

进而从非遗保护角度说，非遗需要档案，档案需要完整和形象地记录非遗，单凭文字很难达到。这就无法将非遗真正保留下来，无法达到非遗档案特定的要求，无法满足非遗博物馆展陈的需要，无法用它检验非遗传承中的得失,无法用来做更深入的非遗研究。

传统的单纯的文本式的口述调查显然落后于时代了。

三

最早采用视觉方式作为调查手段的是人类学。这与摄影机和电影机的发明有直接关系。此前,人类学学者在田野工作时,常常会感到文字书写的局限,抽象的文字无法呈现事物原本的形态与景象。那时他们手里还没有照相机,有绘画能力的学者便用笔描绘下来。其他如动植物学者、地质学者、考古学者、民俗学者也都这么做。后来人类发明了照相机,视觉记录自然而然进入了田野调查。等到摄影机、电影机诞生了,事物的动态也能被神奇地记录下来,它们便理所当然地成为调查工具,并很快地被推广开来,渐渐成为"各类人类学者田野工作必不可少的一部分"(英国皇家人类学学会《人类学的询问与记录》)。视觉记录不仅是一种方法,还开启了一个新的研究领域,于是"视觉人类学"或"影视人类学"作为一个新的学科概念应运而生。我国的视觉人类学虽然起步较晚,但本世纪以来有了长足发展，日趋成熟的人类学的图像记录给非遗调查开了方便之门。

在始于本世纪初的民间文化遗产抢救和非遗的田野调查中，视觉记录便被普遍采用。开始时，它只是一种辅助手段。直到2005年"国家级非遗代表性传承人名录"工作启动时，明文规定代表性传承人的申报必须有视觉（摄影和电视录像）材料。这一规定客观说明了视觉材料所拥有的记录物象本真的意义，是单一的文字材料不具备的。当然，这样的视觉记录还不具有非遗学的学理。

非遗学的视觉记录的目的是为非遗保存真相。真相就是原生态。目的有四：

一是作为确凿的档案，二是作为传承监督的直接的依据，三是作为博物馆的藏品，四是作为研究必备的资料。

这是非遗学的需要。

当然，非遗的视觉调查与记录不是孤立的，更不是文本调查的一种辅助、一种旁证和印证。非遗的视觉调查必须与文本调查相结合。于是，一种传承人口述史的新方法开始出现。

四

新的传承人口述史的方法中，视觉记录的重要性等同于甚至高于文字记录，因为图像比文字更直接、更客观、更亲眼可见。正如西方早期视觉人类学家所强调的，只有视觉记录才能"永远保存人类的行为"（雷诺语）。

但同时，对传承人的视觉记录也有着严格的要求，那就是必须具备完整性、具体性和专业性。

完整性是指发挥视觉记录的优势，将相关传承人的一切可视地记录下来，将传承人技艺的全过程巨细无遗地记录下来；具体性是指注重细节和关键环节；专业性包括两方面，一是从非遗学的专业出发，一是具有专业的摄制技术。

视觉的传承人口述史还有几个应该强调的理念上与工作上的要点：

首先，先前的传承人口述史是文本式的，在口述调查中主要使用的方法是录音和文字整理，视觉记录（摄影与摄像）只是辅助手段。现在的传承人口述史包括文字和视觉两种。视觉记录不再是可有可无、可多可少的了。新的理念是：图文并重，同时并用。这样，在访问传承人之前，必须统一设计与安排。口述文本的方案，同时也是影像摄制的脚本。

这就要求访谈前要有充分的准备。要预先充分了解传承人，不能只凭随机发问；要为视觉记录安排好机位、光源，以及声音采录的设备；要对非遗传承的关键细节（如独门绝技）心中有谱；要对拍摄设备与技术有较高的要求。只有保证视觉记录的专业性和高质量，才有档案、收藏和研究价值。在培养非遗学的学生时，应安排视觉传承人口述调查与影像摄制的课程。虽然视觉的传承人口述可以由文字、电视摄制等不同专业的人组成的团队来完成，但如果非遗专业人员兼能摄制，在田野工作时便会更独立更便捷；图文并茂的口述文本也会更充分、翔实、整体。

视觉的传承人口述记录与电视制片不同。它不以完成一部电视片为目的。视觉记录愈丰富愈能充分地体现非遗的本身。非遗博物馆的展陈播放可以从中剪辑所需，但来自田野的全部调查素材才是博物馆所需要的藏品。

在口述过程中摄制，会给传承人带来压力。"镜头恐惧症"是普遍存在的，能否缓解访谈时传承人可能出现的紧张情绪,是口述调查能否完美完成的关键因素之一。

现在,我国的非遗影像相当火热。一方面源于我国非遗的体量巨大,多彩多姿,纷繁辽阔;一方面文旅对非遗图像应用有着广泛需求和宣传之所需;一方面是人们对非遗的兴趣,以及影视界积极的投入。愈来愈多的视觉的非遗纪录片正在源源不断涌现出来。但这些大多还停留在"实用"的层面上,还不能满足非遗本身的需要——保存、保护、研究的需要。非遗学期待一种从自身的立场和必需出发的视觉思维和记录方法。这就必须将相关的工作与研究的体系建立起来。

从人类学到视觉人类学的历史我们看到,科学始终助力于人文,人文一直借助于科学。今天,当非遗学登上学术的舞台,又逢视频技术高度发展、快速普及的时代。这不正是我们建设"视觉非遗学"的良机?科学日新月异,我们要不断运用新的科学思维与科学手段,加强我们非遗学,以期非遗的生命及其魅力长久地保存和发扬。

进一步想,我们现在开启的关于视觉的传承人口述史是一种新方法，还是一种新思维呢？回顾一下"视觉人类学"走过的路，我们是否正在走向一个崭新的学术空间——视觉非遗学？那就要看我们在非遗学中的创新与开拓了。

2024.5.4

非遗的地域代表性

非遗有六个特点：非物质性、民间性、集体性、传承性、活态性和地域代表性。地域代表性是我们最容易看到却又最易忽视的非遗重要的文化特征。

在这里，地域性和地域代表性不完全是同一概念。

地域代表性也是地域性，但地域性并不一定是地域代表性。

一、地域性

非遗是民间文化。民间文化有鲜明的地域性。因为，民间文化是长期积淀而成的，是在历史中渐渐形成的。就像一个成年人的性格。在漫长的历史过程中，由于交通闭塞，传播和交流极其有限，各个地域都是在相对封闭的状态中进行文化创造。这种文化创造只是为了满足自我，因而形成了只属于自己、相互不同的文化。比如同属潍坊市的寒亭杨家埠和高密二地，都是大名鼎鼎的年画之乡，相距不过几十公里，但其画风、题材、形象、色彩、印制技艺却相去千里，几乎毫无相通之处。一个采用宋代以来雕版和套版的技术，一个竟然保留着更早的扑灰的方法（也是壁画制作"过稿"时使用的方法），因而各领风骚，各自称奇。再比如黔东南一些相邻的苗族侗族村寨，连衣饰和头冠都大相径庭，更别提音乐歌舞。这种彼此不同的文化异质，便是民间文化的地域性。支撑地域性长久存在的，是它们各自迥异他乡的一方水土：山川地域，风物特产，民族人文，风俗习惯，甚至是方言。方言大都形成在一个特殊的生活区域里。方言很顽强，不仅语音和发声特异，连一些事物的称谓也为其独有。葛剑雄先生说了一句很有趣的话："秦始皇统一了文字，却统一不了方言。"因而，方言还直接与当地的地方戏和民间文学密切相关。

我国幅员辽阔，历史曲折，山水相殊，南北各异，而且民族众多，文化千姿百态，民族性与地域性常常互相影响和塑造。纵向地看，文化因时代而互异；横向地看，文化因地域而相别。各自称奇的文化便成了它们独有的地域的标志。越剧代表嵊州，丝竹评弹和古琴象征着姑苏，吴歌是昆山的音魂，南音是泉州千年不绝的声音的形象。所有民间文化皆因经受大地人文岁久年长的浸润与养育，故而带着那里地域特有的气质与精神。谁也不能凭空创造出一种地域文化。地域性是无法刻意追求的，地域性又是无法抗拒的；地域性是一个地方文化的DNA。于是文化的地域性就成了各个地方之"宝"。特别是在当今时代，对地域的文化标识性的要求愈来愈强。一些习以为常的生活风俗，忽然都有了某种文化"魅力"，从历史深处一下子走到文旅前台，成了地方的一种资源，一种自豪，一种标志。地域性不正是一个应该深度研讨的文化话题吗？

二、地域代表性

如果说地域性在民间文化中，地域代表性便在非遗里。因为非遗是遗产，是一个地域最有光彩、必须传承的民间文化。每个地方都有许多民间文化，非遗是从中评定出来的。非遗评定的重要的标准之一就是该项目具有这个地方的代表性。我们的"国家非遗"不是明文表示为"代表性项目"吗？

由于这种代表性，非遗在它的所在地，便被视为一种地域的标志、一张响亮的名片、一个可持续的文旅资源。在这种背景下，我们更要对它加强保护。在保护理念上，我们首先要把它作为一种地域文化精华而珍惜，使它永远不失却地域的异彩，而不能只作为旅游资源、没有文化底线地去使用。

从更高的层面上，还要认识到这种历史形成的"地域代表性"，在今天所具有的"文化多样性"的意义。

文化的多样性是人类文化最重要的特征，是各个民族、各个国家、各个地域各自智慧与创造的表现，是人类宝贵的精神遗产。为此，联合国保护文化遗产的宗旨是"保护人类文化的多样性"。对于中华民族来说，文化的灿烂与多样也是我们民族的宝贵财富。为此，保护中华文化的多样性也是我们文化遗产保护工作的重要宗旨之一。

为文化保护立言

冯骥才 著

《为文化保护立言》言论集
2017
文化艺术出版社

非遗作为各个地方代表性的文化，其地域性必然是我们文化保护关键性的内容，决不能任其消弱乃至消失。如果我们失去了一项非遗的地域性，不仅该地域失去了一个耀眼的标志，泯灭了一种独特而奇异的文化，国家非遗的百花园中也将失去一朵奇葩。我们要拥有这样的遗产观。

三、认知地域性

若要保护非遗的地域特征，首先是认识它的地域特征。

文化的地域性是怎么认识出来的？

一是通过与其他地域同类文化进行比较来认知。

2006年我们在河南北部滑县发现了一种年画，过去在年画史上没有见过，题材、样式、画风都很独特。但是，我们的工作首先要确定，滑县是否是一个独立的产地。因为在它南部不远的地方是著名的年画之乡朱仙镇。朱仙镇属开封，其年画源起于宋代，影响巨大，覆盖辽阔，其画风沿着黄河一直影响到四川。难道在与朱仙镇相距近在咫尺的地方还会"隐藏"着另一个完全独立的画乡吗？于是，我们把滑县与朱仙镇两地年画做了比较。比较的结果令人吃惊，滑县年画竟然与朱仙镇全然不同。不仅画风和画艺别具一格，题材也完全不同，就连人物的"开脸"也与朱仙镇完全是两个套路。此中的道理，只能用古来那句名言"五里不同风，十里不同俗"来解释了。我举这个例子，是要说地域文化特征往往是通过"文化比较"来认知的。

二是通过与同一地域的其他民间文化的同一性来认知。

比如将天津重要的非遗——皇会，与天津的相声、曲艺、戏剧、摔跤、泥人张放在一起，就会发现它们的精神气质完全一致，是一个天然的整体，具有同一性。倘若再将这些非遗与当地的风土人情、集体性格乃至方言（天津话）放在一起，就会更加强烈地感受到它的地域特色。这是认识一个地域文化特征的另一个方法。

当然，这还不够。这只是我们分辨和认知其地域性的基本的方法。我们还要确认它具体的地域特征，比如审美特征。

由于地域性所致，每一项非遗都有它独自的特点，可以说每项非遗都是一个独立的存在。因而，对于每一项非遗的特性都需要专项研究，科学地确定它的特点。究竟哪些元素、哪些内涵、哪些经典、哪些技艺、哪种风格和特点是它所在的地域独有的，这需要从文化学、民俗学、民族学、艺术学、美学来进行认识、研究和总结。需要做深入的田野工作。应该说，这个工作我们还远远没有开始。但是，这个工作不做不行。只有从学理上确认了每一项非遗独有的地域特征，才能作为非遗传承、管理和监督的标准；才能确保它的地域性和地域代表性得到保护，不失本色；才能作为中华文化多样之一种真正地得以永存。

2024.5.10

非遗博物馆的特性

近二十年，一种崭新的博物馆倏然进入我们的生活，有燎原之势。它的内容、形态、方式，给人的感受与认知，都与传统的博物馆迥然殊别，因而受到大众的关注和欢迎，这便是非遗博物馆——本世纪才出现的一种全新的博物馆。

非遗博物馆源自二十一世纪起始时期，是人类遗产观一次重大的突破与进步，即对"非物质文化遗产"的自觉。由于我国地大物博，文化多样，非遗十分浩繁与灿烂；由于时代性和现代性的冲击；更由于我们是从国家和民族文化的高度上，看待这种具有传统与传承意义的非遗，故而倍加重视。于是我国的非遗事业蓬勃兴起，并在短短的二十年里形成巨大的强劲的保护和发展的态势。中华大地上的非遗得到了历史上空前的全面的发掘、整理、保护、弘扬。可以说，我国非遗事业已走到了世界的前列。非遗博物馆作为非遗收藏与展示的不可或缺的场所，作为公众了解非遗不能绕过的地方，一如雨后春笋般遍地而起。如今多数非遗之乡，都有一个"非遗博物馆"了。

然而，非遗博物馆是全新的事物，过去没有先例。至今，非遗博物馆的性质、特点、方法，在字典上也没有确切的释义。尤其传统的博物馆的展陈都是物质性的文化遗存，从未有过非物质性的遗存及展示。为此，现今的非遗博物馆建设还处于初创阶段、摸索阶段，没有经验，没有众所认同的范本，博物馆学也没有非遗方面的学科，没有理念，没有规范，难免幼稚粗略，彼此模仿，相互趋同。现在通用的展陈方式，多是简略的非遗历史展，再加上传承人的技艺演示，手段十分有限，特别是非物质方面的展陈相当乏术。这显然没有达到一个严格意义上的博物馆的标准。为此，研究和认识非遗博物馆的重要性和功能，探讨非遗博物馆的特性与办馆理念，十分必要。这既是现实中非遗事业建设的需要，也是非遗学和博物馆学在学术上的新命题。

一、保存非遗的完整性

非遗博物馆顾名思义，是收藏、展示和研究非物质文化遗产的机构，是为公众提供非遗知识、欣赏和教育的场所。收藏是它首要的工作。收藏即保存，就是要收集与保存一个个地区珍贵的非遗，以见证历史，赓续文明。

然而，非遗不同于其他类别的遗产，它绝大多数是地方性的文化，是一个个地方独有的文化存在、文化个体。对于每一个非遗个体，非遗博物馆都要整体保存。全面、系统、有序、完整无缺地保存这一非遗的全信息。这包括它的历史、文化特征与基因、传承人资料和传承谱系、代表技艺、工艺流程、历史经典、工具材料、相关器物、存在方式和覆盖范围等等。这些信息或保留在物质遗存上，或承载在非物质性的遗存中——比如传承人的技艺、村落的风俗、民间的传说等等，它们都在博物馆收集和收藏之列。博物馆要充分地收集它，完整地保存它，科学地展示和呈现它。所谓科学，就是要严格符合遗产（非遗）的特点与规律。这是非遗博物馆必须做到的。

从非遗学角度看，非遗完整的信息应保存在两个地方：

一是在经过普查立档的非遗档案中，一是在非遗的博物馆里。档案用文字记录非遗，博物馆用遗存见证非遗。它们面对的对象不同。档案提供给研究者，博物馆主要面对公众。然而，面对公众的非遗博物馆工作，一样需要有档案意识，一样需要对非遗有全面的认知，才能系统而充分地收集到有历史文化价值和见证意义的遗存，达到博物馆的专业要求。

可是，非遗在历史上大多是一种民间生活，一种自生自灭的文化，从来没有文字记载，没有文献，没有档案。很多非遗的历史是以传说为载体的。直到本世纪以来，当我们把它们视为国家和民族不可再生、必须保存和传承的文化遗产时，才开始进行文化普查，评定非遗名录，认定代表性传承人，建立保护体系和相关法律法规。由于事出仓促，很多地方建立非遗博物馆时没有档案依据，缺乏对非遗的科学认知，也缺少系统的知识，致使不少博物馆内容单薄、空洞、支离，缺乏说服力与感染力，不能充分地体现非遗悠久的历史和深厚而独特的价值。另一方面，很多珍贵的遗存由于未被我们认识和发现而仍然湮没于世。应该说，非遗博物馆大有事情要做，非遗博物馆需要补课，需要提升。补课的内容是学习和掌握非遗的系统知识，研究非遗的特征，重新普查和收集具有重要意义的历史与文化价值的遗存。

一定要把非遗的遗存完整地保存在自己的博物馆里。

如果一项非遗十分完整地保存在博物馆里，它还多了一层意义——保护，这也是非遗博物馆重要的职能。

二、必备历史经典

博物馆是用藏品说话的。在博物馆里，非遗要用藏品来实证。非遗博物馆的藏品与传统的博物馆有所不同，这取决于非遗的性质。非遗的藏品分两部分，既有非物质性的部分，如口传内容、习俗、演艺、技能、知识等，这是非遗的主体；也有物质性（物态）的部分，如相关工具、器物、工艺作品、文化场所等等，这是非遗的载体，具有见证意义。对于博物馆来说两部分同等重要。

非物质性藏品的收藏与展示是博物馆一项全新的工作，下面会具体谈。

对于物质性藏品的收藏，非遗博物馆也有自己的特别之处。由于传统的博物馆很少涉及民间文化,民间物品(一称民俗文物)的收藏没有形成系列。既没有既定的藏品分类,也没有断代标准。对于新建的非遗博物馆来说,必须建立自己的馆藏原则。比如:藏品必须有一定的年代感,必须有历史记忆,有地域特点,有这一项非遗独有的特征,有代表性,而且不能是仿制品。物质藏品必须保证其原真性。只有历史原物才能见证历史。

对于博物馆而言,藏品的价值愈高,博物馆的重要性愈强。但非遗博物馆的藏品不以材质是否高贵而论其价值,主要看其历史和文化的意义是否重要,倘是极其珍罕甚至世上唯一,即是"镇馆之宝"。比如我们获得了王老赏早期的一枚窗花、张明山为海张五捏的塑像、民国初年京剧大师们的音像原件,博物馆一下子就会身价百倍。它们非金非玉,却是历史最早的见证物,或者代表着这一非遗最高的水准。这可称作"非遗的价值观"。但是,由于历史上民间文化从来不受重视,不被收藏,很难流传下来,致使许多声名极大的非遗,源头空虚无物,只有美好而空洞的传说,没有实物可以证实。缺乏经典是当今多数非遗博物馆的尴尬。正是为此,深入挖掘和搜寻历史经典和文化遗珍，是非遗博物馆永远要保持热情的工作。当然这需要认识能力和文化与审美的眼光。

三、彰显地域特征

非遗是一种地域文化。地域性是非遗最重要的特征。地域特色是一个地方的文化优势。因此，非遗往往被它的产生地视作自己文化的代表、象征，甚至是一种标志。世界上非遗博物馆大多建在非遗的所在地，以彰显自己独有的文化。

一个地方——小到一个村落、一个乡镇，大到一个城市、地区、国家和民族，都有一些不同类别的非遗：或是民俗，或是民艺，或是地方戏，或是带着乡音的民歌，或是以自己的乡土材料和家传技艺制作的生活器物……它们最能体现这块土地独有的精神个性、人文气质和审美偏爱。一个地方的地域特色往往不表现在精英文化上，而表现在民间文化上。比如绍兴文化的特色并不直接表现在鲁迅身上，而鲜明地表现在绍剧、梁祝传说、黄酒文化和水乡社戏上。如果一个地方的非遗保护和传承不好，大多消失了，就会使这个地方的文化形象变得模糊。所以非遗博物馆不但要保存好非遗，还要充分展示自己的地域特点，这是其他博物馆不具备的功能。

非遗的地域性主要来自两个方面：

一是来自一方水土。在漫长的农耕时代，人们世代生活在自己的家园里。由于交通不便，生活封闭，反而渐渐生成了一己独有的文化。山水、气候、风物、物产互不相同，民间的传说、曲调、色彩、韵致必然相异。格萨尔、玛纳斯、亚鲁王全都充满着各自的地域气质；侗族大歌、川江号子、嘉善田歌、蒙古长调皆因山水迥异而腔调殊别；"南桃"（桃花坞）和"北柳"（杨柳青）不是尽显一南一北两个年画之乡的神韵吗？独特的山水造就了独特的文化，多样的自然环境养育了多样的文化，这在地域多元的中国的非遗中尤其明显。这是非遗博物馆不能忽视的内容。

二是来自一个地方的人文。在一个地域里，文化是一个整体。从方言、俚语、信仰、风习、建筑、服装，到传说、饮食、游艺、娱乐、手艺，乃至器物等等，虽不同类，却彼此相关，拥有共同的特性，反映出此地人们共有的喜好、性情、心理与审美，显示出这里的人文特性乃至面貌。民间文化是一种共性的文化。一个地域不同类别的非遗在形成的过程中相互影响，其结果是文化上同一"血型"。因此，博物馆在展示一项非遗的同时，还要将此地其他类别的非遗也陈列出来，强调它们之间的相关性和共性，强调它们共同的精神个性与审美偏好，以使地域的文化特征得到更充实、更饱满、更鲜明的体现。

从地域性上说，每一项非遗都独具地方特色，但是需要通过研究，才能认识和总结出来，这是非遗博物馆的一项有深度要求的工作。

四、活态传承是核心内容

非遗是一种活态的遗产，一旦停止活态，非遗便会消亡。活态包括两点：一是这种非遗还在应用着，二是技艺还在传承着。活态是非遗的核心，更是非遗保护的核心，必然也是非遗博物馆展示的重要内容。

技艺包括演艺技能和工艺技术，显示着传承人的才华与功力，是非遗的独特性、创造性与文化价值的主要体现。故而，在非遗博物馆里，必须突出展示非遗代代相传的技艺、全套和有序的流程、传统的仪规和法式，以及本真的器物与工具材料。展示内容必须严格、完整和真实。

技艺由传承人体现。非遗博物馆动态地展示这套技艺时，可以由经过培训的真人演示，也可以通过视频展现。视频是非遗博物馆保存和展现非遗最主要的手段。应该特别强调，博物馆用视频收集和展示的传承人技艺，必须是该地特有的、历史上传承有序的技艺。在音像录制之前，先要对非遗及传承人做深入的研究，确认这一技艺是该非遗独有的"绝技"，还要确认这一技艺关键性的技术与技巧。另外，要保证音像录制技术是专业水准的。只有高品质的音频和视频才能将这些遗产精确地记录下来，在展陈中完美地展示出来。

传承人是非遗的重中之重。非遗的历史记忆承载在传承人身上，非遗的技艺体现在传承人身上，非遗的活态传承是以传承人为载体的。把传承人作为展示的主角，也是非遗博物馆的特征。

传承人内容分为两部分：一是历史部分，主要是指传承人史料和传承谱系。传承人的传承谱系必须经过严格的调查、整理和考证；传承人的历史需要历史见证物。

二是当代部分,当代的代表性传承人的资料也是收集和保存的重点对象。由于历史上音像录制技术出现较晚,民间文化传承人更是迟迟未进入摄影和摄像的视野,相关音像资料极其缺乏。当下,对健在的老一代传承人进行资料收集十分重要。

应该注意到,在资料收集上,现在通用的传承人口述史方法,基本是历史学口述史的调查方法,即录音访谈后进行文字整理。这种老旧的方式已经不能满足非遗传承人调查的需要。对于传承人及其技艺的调查,相比文字,影像记录更直接,更直观,更有见证意义,更不可缺少。传承人口述调查应打破已经固化的录音访谈和文字整理,引入视觉人类学方法。在调查内容上,还要从过去偏重于传承人的历史、家族、职业历程以及技艺,扩大到文化环境、生活习俗和个人生命史等方方面面,把人类学调查融入传承人调查,从而给认知非遗提供更多视角与资源。同时,视觉调查需要高水平的音像技术能力的支撑。只有这样的多维、深广和精确的调查和记录而得来的资料,才能使博物馆在展陈上施展出更多想象,使展陈更加充分和富于魅力。

五、非遗的现在时

一般认为博物馆所展现的都是过去，非遗博物馆则不然，它还要表现非遗的现在。非遗博物馆不仅要告诉人们非遗的过去，还必须展示非遗的今天，这是非遗博物馆又一个重要的特性。

所谓今天，除去活态传承和传承人，还有非遗的现实状态、存在方式、时代性的转变，以及它与当代社会和当代人的关系。此外，还要展示非遗传承的新渠道，受众的新群体，创新性的新表现，还有非遗保护的新方式等等。非遗博物馆的这个部分，是显示传统的魅力、活力和生命力的地方。

非遗是活态的，非遗博物馆也要是活态的；非遗是动态和变化的，非遗博物馆也应是动态和变化的。这对于博物馆来说是一项全新的工作。为此，非遗博物馆需要具备两种机制：一是类似非遗信息中心那样的机制，要密切关切非遗的现在时，要有全面获取非遗活态信息的渠道与能力；二是研究机制，要能够通过分析和研究对非遗的发展与变化阶段性地做出文化判断和价值判断，还要通过展陈，展示非遗的保护方法和保护成果。这样，非遗博物馆才能把非遗全面、完整、充分、真切地展示出来。

　　非遗博物馆是新时代博物馆事业出现的新事物。在类型上它是一种全新的博物馆。它的意义深远，功能重要，性质别样，有自身科学的构成，需要在展藏上创造性地应对。非遗博物馆的特性由非遗的性质决定。离开了非遗本身的特性，很难建成一个名副其实的非遗博物馆。为此，亟需我们加强非遗博物馆的理论建设，以明晰的科学理论，帮助非遗博物馆的从业者在认知高度和深度上完善自己，同时提出非遗博物馆的专业要求与专业标准，促使中华大地上方兴未艾的非遗博物馆以科学的知识、完整的收藏、充分的展示、精确和生动的阐释、富于魅力的弘扬，为非遗事业的繁荣和国家文化的发展发挥更大的作用。

2024.1.22

非遗美学问题断想

我至今也不敢使用"非遗美学"这个概念。因为现在还看不到有关"非遗美学"完整的理论。以我们现在既有的理论与知识能不能构成这样一个"学问",还需要讨论。但是我们必须承认非遗具有"美学价值"。

非遗有多重的价值,包括历史价值、文化价值、地域价值、遗产价值和美学价值。这五个价值同等重要,都是非遗学必须关注和阐述清楚的。现在把美学价值提出来,是因为我们对非遗美学价值远远不够重视,但不管我们重视与否,非遗的美学价值都极其重要。

说它重要,是因为所有非遗都是美的,甚至可以说,非遗是一种美的存在。但这种美不同于精英文化,它来自民间文化,它是民间大众的集体的创造,我们过去称呼它为"民间美",本质上相对于个体化的精英文化。于是,我们认识民间美便有了一个"对应物",即精英文化。每当对照精英文化,民间文化的形态与本质就更加清晰。

精英文化是个人创造的,强调个人的艺术主张,是一己的含有理性的自觉的精神追求和审美追求。精英文化追求个性、原创性、创新和自我。

民间文化则不然。民间文化是民间集体创造和集体认同的产物。凡是被集体认同的都代代相传,凡是不被集体认同的便被丢弃。民间文化追求共性,不强调个性。这也是民间文化的特性。

一个是个性的,一个是共性的,这是精英文化与民间文化根本的区别。

进而要说的是,民间文化的这种共性是一种地域性。

这是由于民间文化形成于遥远的古代。在古代,交通不便,生活封闭,所有民间文化都是在一方水土中生成的。它们受各自的山川、地理、气候、物产、民族、历史的滋育与磨砺,渐渐孕育出自己地域特有的人文气质,而不同的人文气质都是以一种独异的美表现出来的,我们称这种独异的美为地域美。

民间美和地域美是一种集体的美。

在美学中,"审美"两个字"美"和"审"是两个意思。"美"是一种客观存在。"审"是人对客观存在的美的发现、感知和认定。

人凭什么发现和感知到美?靠的是美感。人的美感由何而来?与生俱来。美感是人的天性,天性即人性,应该说"美即人性"。

人从客观世界发现、感知、欣赏和享受到美,也是人与客观世界(包括大自然)与生俱来的一种美好的交流与和谐。这是人本身具有的文明的本质,是人类文明的基础。从文明史上说,在感知到美之后,文明的下一步便是创造美了。这便使人与动物彻底划清界限。于是艺术便诞生了。

民间美不是自然美,而是一种民间的文化创造。它既源于人们天性的美感,又来自人们对生活和大自然的情感。这种美感和情感随时随处、自然而然地表达和发挥出来。

人的美感不只是视觉的（造型、线条、色彩），还有听觉的（声音）、味觉的（味道）、身体的（动作）等等，这便创造出民歌、舞蹈、说唱、绘画、雕塑等艺术。这种丰富性表现在各种民俗的事项中，在生活中无所不在。这叫我们联系到车尔尼雪夫斯基的那句有关美学的名言："美是生活。"

民间把各样美的创造融在生活中，是为了娱乐自己，满足自己。从文化的本质上说，民间文化不是精英式的纯文化，而是一种生活文化。

民间审美与精英的审美是全然不同的两个系统。民间审美是纯感性的、情感化的、自发的、本能的，又是传承的、集体性的、程式化的、约定俗成的。它有源自源远流长的原始文化开放而自由的一面，又有长久生成于各自封闭的地域带来的自我限定的一面。这便造成了一种由来已有的偏见，认为追求精神深度和强调创新的精英文化高于依恋于原生态的民间文化。这种偏见使得民间文化没有记载，不被研究，自生自灭，给我们今天的非遗保护带来极大的困难。

不同的文化是平等的，彼此不能替代，就好比不同的美也不能互相替代一样。相比精英文化的深刻与创造性，民间文化的质朴、率真和生命本色一样不可替代。柏拉图所谓的那种"真善美的极致",既保存在人类的历史经典里,也深藏在大地民间文化的精粹中。这个话题应该放在美学的研究中。如果真的研究下去,就需要一本大书来表达了。

今天,当民间文化的精华成为非遗之后,美的文化内涵、历史感与地域特色便加倍地突显出来。尤其是地域美。长调之于内蒙古、秦腔之于陕北、细纹剪纸之于乐清、打树花之于张北等等,所有非遗对于一方水土都具有标志性的意义。一组惯用的颜色、一种奇妙的腔调、一个特异的动律或技艺,都使这块土地的人文与审美独具魅力。

因此说,民间文化是最具地域文化特征的,非遗更是如此。

但是地域美是历史形成的,不可再生,地域美的保护遂成为非遗保护的一个关键。我们称之为"审美保护"。

美是一种精神性感知的事物,"审美保护"怎么做?从非遗的性质出发,"审美保护"的关键在传承上,特别是在代际传承上。审美很容易在传承过程中丢失。这一要看我们对该非遗审美的特征认定得是否准确，二要看传承人对自己拥有的非遗美是否自觉，三要看该项非遗的技艺经典是否真正得到传承。这也是非遗学者可以助力传承人的地方。

在当今全方位开放的世界中，非遗遭遇着各种外来文化的冲击，面临各种商业文化强势的侵蚀与异化，原有的地域特征正在弱化。这是非常危险的。从全局看，失去了地域性就失去了文化的多样性；从每一项非遗的个体看，失去了地域性（特别是地域美）就失去了非遗自己。我们是否把"审美保护"提上日程，这真要看我们是否懂得"民间审美"的价值，并有"审美保护"的意识了。

我们的非遗大部分是农耕时代创造的。农耕社会相对稳定，时间长，民间文化又是人们自己创造的，人们长久地生活其中，早已熟视无睹。但是今天不同了，在时代审美、商品审美、流行审美的冲击下，如果大众对自己的审美传统没有认知，没有自觉，民间审美——特别是地域审美便会渐渐消散。

　　这是非遗学要对其美学价值进行"学术关切"的重要缘故。

2024.4.16
2024.5.19 定稿

一门从田野到田野的学问
——论非遗学本质

这个题目有点绕口,却不是我故意为之,而是由这门新兴的人文科学的本质所决定的。

非遗学和民俗学的研究对象都是民间文化,有人便把非遗学与民俗学、民间文化学等同起来,但它们不能等同。民俗学从田野出发,并不必须回到田野;非遗学却必须回到田野。非遗学是为田野工作的学科。这是非遗学的特性,也是它的学术使命。本文正是从这里切入,探讨非遗学的学科本质。

一、被田野逼出来的科学

严格地说,"非遗"二字直到本世纪初才出现。自

2003年联合国教科文组织通过了《保护非物质文化遗产公约》，非遗二字便横空出世。非遗来自民间文化，但不是民间文化的全部。非遗是从民间文化中遴选出来、具有代表性并保持活态和必须传承的部分，是民间文化的活态精华。从本质上说，非遗是强调"遗产"意义的，而民间文化学和民俗学不强调遗产性。进一步从学科上说，民间文化学与非遗学更是不同，不论是学术立场、学术使命、学术目的、核心内容还是关注点，非遗学都特立独行。

首先，"非遗"的概念是时代的产物，是人类进入工业时代，对前一个历史时期（农耕与渔猎时期）非物质的文化创造在认知上的自觉。这个自觉是一种文明的觉醒，使人类的文明观和遗产观都向前迈出重大的一步。

当然，非遗一出现，就遇到了巨大的挑战，那就是时代的更迭给历史文明带来的必然的冲击。汹涌而来的工业文明一定要取代农耕文明，就像季节的更换，势不可挡。而我们必须传承的珍贵的非遗正在被时代更替的事物中。所以，非遗工作伊始，首先要对非遗进行全面的"紧急抢救"，进行抢救性的记录、整理、分类，甄选精华，进而保护。

这件事很难。因为非遗是一种田野文化，田野就是大地上的民间生活。民间文化是大众为了满足自己而集体创作的生活文化。它与庙堂文化和精英文化有着根本的不同。庙堂文化与精英文化有文字著录，记载清晰，传承井然。民间文化则像野草山花那样遍地开放，兴衰枯荣，一任自然，从无著录，更无文字记载，历史上曾经有过多少精绝奇特的民俗民艺，无从得知。只是某一民俗事项或某一种民间绝技，偶然触动了某位文人，才被随手记下，简略地留在书中而已。故而，待到本世纪，我们开始对神州大地的非遗进行地毯式的调查时，才知道民间文化种类之繁多，特色之缤纷，内涵之深邃迥异，难以穷尽。在田野调查中我们经常会感受到：不管跑过多少地方，对于田野的文化，我们不知道的远比知道的多得多。尤其是我国之非遗，由于山水相异、地域多元、民族众多、自然多样、历史不同，非遗更是灿烂无比。现在列入政府四级（国家、省、市、县）名录者虽然多达十万项，却仍然时有新的发现。

　　更大的难题是，对于如此超大规模、极其庞杂、千头万绪的民间文化，怎样去确认、记录、分类、整理、甄选？历史上，非遗是从来没有纳入遗产名单的。没有前人的经验可资借鉴，更没有专业理论可做指导与依据，甚至没有相关知识可以帮助我们认知，只有浩如烟海、林林总总、处于濒危的民间文化，在田野里等待我们去援助。这是一个前所未有的文化挑战。这挑战来自时代，同时来自田野大地！这是近代以来人文领域遭遇到的最重大的困难之一。

然而，由于我国拥有崇高的文化眼光和文化自觉，我们是从国家发展战略的意义上看待非遗，故而倍加重视。全社会愈来愈多地关注非遗，支持非遗。特别是学界，致力于非遗的知识构建与理论构建，给非遗事业以必需的学理上的支撑，助力了从国家《非遗法》到政府各级非遗名录、代表性传承人制度等等一系列非遗管理和保护方式的确立。

我国的非遗保护和管理已经走在世界前列。但事物愈是发展，深层问题出现得就愈多，对学术能力的要求就愈高，对理论健全的要求就愈迫切。当然，这也是理论发展的逻辑与必然。于是这些压力就压给了一个新兴的学科——非遗学。

可是从另一方面说，像非遗这样一个规模恢宏、意义重大的文化事项，这样亟待科学地认知、管理和保护的遗产，又怎么能够没有坚实、专业、系统的理论来应对？

所以我们说，非遗学是被田野逼出来的！一切问题都是田野提出来的，图书馆里没有答案。凡是要为非遗学立说者，还要问道于田野。

二、在田野建构的科学

非遗学的性质由非遗本身决定。

非遗对非遗学的要求，首先是要让当代人从遗产角度（这是从未有过的角度）来认知它，阐明它的重要性、价值、内涵，明确它的特性。"非物质"文化遗产是相对于"物质"文化遗产而言的，以往的民俗学既不关心民间文化"遗产"的属性，也没有关于"非物质"方面的表述。非遗要求非遗学必须将这些"非物质"文化遗产的性质、特征、意义论述透彻、明白。进而还要将每一项非遗的文化构成厘清。再进一步便是要关注非遗的传承方式、传承内容和传承人了。这些世世代代在田野中自生自灭的东西，都是今天非遗学研究的核心内容。

非遗学所面临的这些问题都是过去不曾关注的，都是

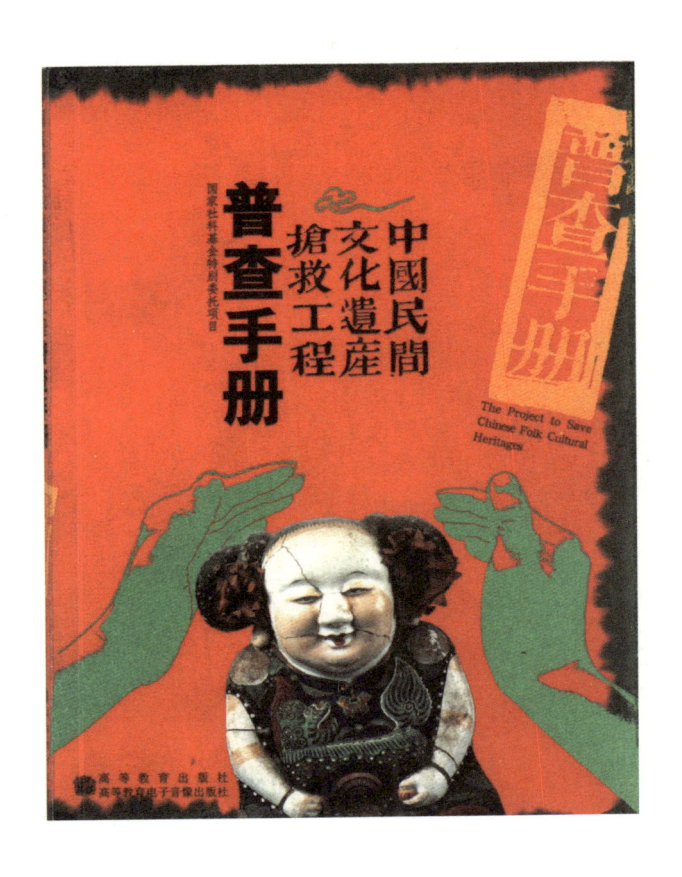

《中国民间文化遗产抢救工程普查手册》工具书
2003
高等教育出版社

以往学术的空白。那么,这个学术空白里边还有什么呢?

一个是非遗的传承技艺。以往在民俗学和民间文化学中,技艺都是被忽视的,在非遗学却是重中之重。比如作为国家非遗的"茅台酒",非遗所指的并不是酒,而是茅台酒的制作技艺。如果茅台造酒的"独门绝技"不再有人传承,茅台酒便即刻消亡;如果技艺无恙,茅台酒便源源不绝。技艺是非遗的关键。它世代活态地保存在传承人的身上,它是非物质的,它是一种必须保护的活态遗产,它是非遗的生命。从遗产的角度看,认知技艺的价值、确定技艺的精要、厘清传承的脉络、制定技艺的保护标准,是非遗学者的重要工作。

物质文化遗产主要是继承,非物质文化遗产主要是传承。传承是非遗学的核心工作内容。

接下来便是保护。这也是非遗学的重中之重。在"非遗"二字产生之前,民间文化是完全没有保护的。保护源自人类对自己创造的历史文明的自觉和责任。但是,保护不是一种愿望,而是一种措施与行为,需要知识和方法,需要对非遗的正确认知和对保护方法的科学设定,以及严格的监督保障。这些工作都必须在田野中进行。

上述非遗所需的工作，从对非遗的认识、概念的确认到知识逻辑和知识体系的构成，从遗产的记录到传承保护的理念和方法，都是来自田野，都是田野迫切的需要。非遗学不是高高在上、坐而论道的学问，不能把学问搬到书斋里做，而是要与田野密切结合。因此早在本世纪初，知识界就对自己提出一个口号："把书桌搬到田野。"

能够回答我们"非遗之问"的，不是书本，而是生气勃勃又问题多多的田野。由一个个具体的知识，到这门学问所有重大的疑难，只有在田野里才能找到答案。

我们从不回避这门学问的应用性与现实性。非遗学具有鲜明的工具论性质。它为田野文化构建理论，为遗产的跨时代传承排难解纷。非遗学是既切合实际，又贯通古今，并且事关久远的科学。非遗学直接为非遗服务。从这个意义上说，非遗学是一门极具文化责任的学问。

三、受田野检验的科学

我们说，非遗学来自田野，建构于田野，它最终呢？成就于书斋吗？非也。

非遗学最终的落脚点还是在田野。因为，它的一切成果最终都要接受田野的检验。没有人可以评价它的是与非，只有田野能够显现它的成与败。比如，如果我们的保护理念错了，方法错了，某些非遗就可能因之消亡；如果我们的保护理念科学、到位，那些非遗便会赓续有序，优秀的传统得以保持和发扬。再比如，如果我们对非遗的认知有限，自以为是地误导了传承人，让充满乡土气质和地域精神的传承人去到大学学习素描和人体解剖，难免致使传承人步入歧途，将千百年代代相传的看家本领扔掉，将自己最重要的"民间审美"视为落后和低下，非遗就会变异变味，悄悄毁掉。看上去非遗传承人还在，但非遗的"原生态"却不翼而飞，名存而实亡。这是非遗学者必须关注的。

当前非遗消亡的表现之一便是名存实亡。我们是否看到了？

我们的理念、见解、判断、措施正确与否，只有田野说了算。所以，我们一定要把自己的"思想理论"放到田野里去验证，让实践反复审核我们的理论。这是非遗学必须严格进行的学术程序。绝不能把想当然的思想方法与指导方案一味地推行下去，糊里糊涂过了若干年之后，却在现实中找不到非遗最最珍贵的本色了。这是非遗学一个要害的问题——我们不能让非遗得而复失。

可是，田野怎么说话？

首先在管理层面上，田野应保有一个机制，即监督与检验。严格的监督和科学的检验是非遗保护必须建立的刚性的机制。没有监督与检验就没有科学保护。非遗学者要为监督与检验制定标准。这也是非遗学者的一项专业性和学术性很强的工作。

说到这里已经十分清楚：从田野中出发，在田野中探索，在田野中研究与创建，再回到田野接受检验，这便是非遗学这门学问的全过程。所以说，非遗学是一门田野科学。田野是它的本质。非遗在田野，非遗学也在田野。离开田野就没有非遗学。

综上所述，作为新兴学科的非遗学，面对着两项艰巨的工作：

一是一切都要从头开始。从非遗学的每一个专用名词的确立、每一个概念标准的阐释、每一项学术内容的确定，直到整体的知识体系和理论体系的搭建。这项工作全是由无到有，十分庞大。

一是我国的非遗体量、规模、复杂性，在世界上绝无仅有。更要强调的是，由于非遗具有强烈的地域特征，每一项非遗都自具特色，对其传承和保护的方式也必然各不相同，千差万别，极其繁复。同时，非遗作为国家重要的文化遗产，还需要系统化、档案化和整体的科学管理。科学管理更需要非遗学提供学理。这一工作之艰巨可想而知。

然而工作再多，也都要从田野做起，而且一直离不开田野。学术就是无论巨细，都要精到深通。从这点说，非遗学是一门永远跋涉于田野的学问。唯其这样，我们的非遗才能永生于田野，我们的非遗学才能在田野中拔地而起，成为中华大地非遗保护与发展真正的科学的支柱与屏障。

2024.3.8

下编

立言

建立国家非遗保护的科学体系

近年来,关于文化遗产保护和传承工作的重大意义、必要性和深刻性,习主席已经讲得十分透彻、明晰、系统。应该说,我们已经拥有指导做好这方面工作的强大的思想与理论。关键是我们怎么落实。进一步怎么做才能更加行之有效,深入人心,使我们优秀的文化遗产在实现中华民族伟大复兴的进程中发挥优势,并成为国家前进不可或缺的精神动力?

这关系到国家"十四五"期间的文化工作。我谈一点个人的思考与建议。

本世纪以来,我国在大文化战略上,开始了两项史无前例的工作。一是抢救和保护非物质文化遗产,二是传统村落的认定。这两项工作都带有鲜明的时代性和刻不容缓的紧迫性。

经过多年努力，目前我国已经将中华大地上的非遗基本摸清，约十万项进入国家、省、市、县四级非遗名录。进入国家级名录的非遗为1372项。已认定的传统村落为6819个。这两项工作，我国都走在了世界的前列。在联合国教科文组织非物质文化遗产名录上，我国居于首位，远远高于其他国家。这表明我们这个文明古国的现代眼光，得到了国际知识界的高度认可。

当然，要对如此庞大又缤纷的历史文化财富进行保护，难度很大。原因在于非遗是一种活态存在，较难把握，而且没有前人的经验可资借鉴，特别是在市场中还会受到利益的驱动和左右。非遗一旦失去本色便会得而复失。保护工作充满挑战。

如何应对这些挑战，我最深的体会有两点：

一、科学保护是根本

科学保护就是从文化遗产本身的性质、特点、规律、独特性出发，从实际出发，制定出一整套科学的保护规则、标准、内容、方法、制度与机制。这项工作目前还没有系统的规划。

我们必须给每一项已经列入国家保护范畴的文化遗产制定精确的档案。非遗是口头的、无形的、活态和不确定的，必须通过文字和音像的记录、整理与编制，才能成为确凿的依据，这些档案也是国家必须具备的重要文献。

要为每一项非遗的遗存制作"遗产清单"，设定责任人掌管，政府监管，保证遗产不再流失。

再有，保护工作需要切实有效的监督机制。监督应依据科学制定的保护标准与规范，并运用已有的《非遗法》监督执行。《非遗法》已颁布近十年，遗憾的是尚无执行个案。

只有建立起一整套科学并严格执行的保护体系，保护才有了保证，发展也有了依据。

二、人才培养是关键

科学保护需要专业人才。没有专业人才就无法做到科学保护。这是关键问题。

可是我们的遗产体量太大了，人才远远不足。日、韩是世界上较早开展非遗保护的国家，他们每项非遗后边都有一些专家，我们现在绝大部分非遗是没有专家的。老专家愈来愈少,后继乏人。没有科学支撑和科学判定,是当前非遗保护最大的软肋。

问题的根由,在我们大学学科的设置上。我国现在大学的学科中,文化遗产学、民艺学等还都没有独立的学科。虽然一些大学开设了非遗保护与科研的课程,由于没有自己的学科地位,只能勉强挂靠在邻近的学科上。不能独立招生,没有自己的名分,毕业的评定也受制于所挂靠学科,饱受专业不同的困扰。非遗教研举步维艰。而另一方面,每年都有很多年轻人想通过大学的学习与研究,投身到非遗保护的事业中。由于学科的空白,招生名额受限,很多年轻人只能放弃原先的志向。

一边是亟待科学支撑的中华大地上的非遗,一边是求学无门的年轻人。由于学科的不对位不配套,学科建设的滞后,跟不上时代,致使我们的非遗保护陷入困局。

我们的文化遗产的保护与传承迫切需要一支奋发有为的生力军。如果我们能够有计划地、源源不断地培养这方面的人才,不仅可以满足非遗保护事业本身的需要,我们还将渐渐拥有一支实实在在地弘扬中华优秀文化的骨干力量。我们急需这方面的知识骨干与人才队伍!

从建立国家非遗档案、规范管理到学科设置与人才培养是一个相互关联的科学体系，是一件大事，建议国家在"十四五"文化事业的顶层设计中予以考虑。

如果说本世纪以来，前一个阶段是"抢救性保护"的阶段，现在应该进入"科学保护"的新阶段了。即按照新时代的要求和文化的规律，科学地管理好我们祖先代代相传的宝贵遗产，使之根脉相续，永葆活力。让它生气勃勃地成为人民美好生活中最富民族气质与自信的一部分，成为中华民族伟大复兴持久的正能量。

（在习近平主席主持召开的"教育文化卫生体育领域专家代表座谈会"上的发言，2020.9.22 北京）

把建设非遗学大厦的第一层砖放正放稳放实

各位专家和媒体的朋友：

非常感谢大家今天能够参加这个会，这是一个非常重要的会议——非遗学教材编写的启动会。

在我们开始进行非遗学的学科建设时，有必要做一个回顾。应该说非遗学的历史并不久，非遗学是新概念，在世界范围内也是如此。在本世纪初（2002年）伊斯坦布尔举行的各国文化部长的圆桌会议上，才共同认可采用"非物质文化遗产"这个概念。2003年联合国教科文组织制定《保护非物质文化遗产公约》，我们是缔约国之一。

我国作为一个文化古国，具有高度的文化自觉和文化眼光。2002年中国文联、中国民协便启动了"中国民间文化遗产抢救工程"，2003年文化部启动了"中国民族民间文化遗产保护工程"。那时，无论是官方还是学界，所采用的称谓还是"民间文化遗产"而不是"非物质文化遗产"。由于"非物质文化遗产"被国际确定为官方用语，文化部很快改用了"非物质文化遗产"这一称谓。学界在倾力投入非遗的抢救与保护工作时，也使用了"非遗"这个概念。

尽管看上去非遗与民间文化为同一内涵，面对同一对象，但"非遗"是官方（政府）提出的概念，它提供了一个自己的全新的认知角度、分类方式、目的与方法。2004年向云驹先生以高度的学术敏锐性出版了《人类口头和非物质遗产》一书，应是最早的为非遗学奠定学术基础的著作。因为当时世界上还没有这样一本系统地讲非遗的书。此后的十年，在全国展开的全方位、大规模的非遗抢救中，学界不仅给田野以专业的支持，还以极大的热情对非遗学的知识体系和理论体系进行构建。一批探讨非遗学的著作出现了，为当代文化与学术打开了一片崭新的风景。

应该说，我国非遗学研究领先于国际。

但是也应该看到非遗的现实。我们有近十万项进入政府四级名录的非遗保护项目，但第一线工作很少有专家参与。非遗的管理者缺乏必不可少的专业知识。我们已经完成了抢救性保护，但科学保护是当务必需，人才培养是其中的关键。

这是我们高校必须承担的责任,因此非遗学科的建立也为大家所关注。

2021年10月26号,国务院学位委员会批准了我国首个非物质文化遗产学的交叉学科的硕士学位的授权点,落户于天津大学。应该说,由此我国的高等教育正式设立了非遗学科。这是一件大事。它标志着我国非物质文化遗产的人才培养进入了一个高层次、专业化、全新的历史阶段。

有媒体形象地说,非遗的人才培养现在进入了快车道。这是快车道,更像是一条专线。我们过去一些大学着急想培养非遗的研究和管理人才,但此前我们一直是从别的学科绕道来招生,这回名正言顺了,所以非遗学科的设立非常重要。

非遗学科的设立表明,十八大以来党和国家对非遗事业的高度重视,表明科学地保护和发展非遗是时代之必需,表明培养非遗的研究人才和管理人才是高等教育责无旁贷的使命。

为此,我们做了一系列努力。天津大学建立了各个相关管理和专职部门相结合的联席会议,着力推动该项工作。我院成立了非遗学学科教研中心,制定了人才培养的计划,

非遗学标志 Logo

确定了教材编写总纲，并成立了教材编写专家委员会。第一批非物质文化遗产硕士研究生的录取已完成。编写工作今天启动。

这次的教材初步设计为十四种。第一批三种，分别为非遗学、民间文艺学和传承人口述史。第二批、第三批陆续启动。计划中有文化遗产学、田野调查方法、传统村落保护、视觉人类学等等。每种教材都聘请国内一些学术功底深厚、文化视野深广、影响大的学者专家来担任主编。他们此前也都出版过相关的著作。

由于我国历史悠久、文化灿烂，非遗规模庞大、种类繁多、性质各异，且具综合性、多样性、民俗性、民族性、地域性、原生性和动态性，学科的建设与设置难度很大。它需要对非遗全面和透彻的文化认知，需要将认知学理化。需要对现有学术成果进行整合，更需要创造性的理论建设。而这一切，最终还需要学界的共识。

我想，我们要牢牢抓住三方面的工作。

第一，我们编写教材的首要任务，也是最终目的，是为非遗建立完整的知识体系和严谨明晰的理论体系。完整的知识体系和严谨明晰的理论体系，是教学的根本，也是学术的根基。这是始终都要抓住不放的。

第二，我们要找到非遗学自己独特的教育方式。非遗的教育方式应该跟非遗的特点是一致的。比如说民间文化（非遗）与精英文化不同，它是融在生活中的，是一种活态遗产，是生活文化。田野便是我们非遗学教研最重要的场所，田野工作也是我们最主要的工作方式。如何建立非遗的田野教研，是我们面临的重要课题。不是下去搜集一下材料就可以了。我们跟田野是共生命的。怎样建立起这样一个教学方式，这是我们必须研究和解决的。

第三，就是非遗教育要和人才培养的目标相结合。非遗学与民间文化学的不同之一，是非遗学中有"遗产保护"的内容。它除去要培养研究人才，更要培养管理人才。这是非遗学明确的教育培养目标。故而，从交叉学科角度建立非遗管理学，是重中之重。

非遗学科建设的一个难点是缺乏国际经验。国际上非遗学比较薄弱。我在前边说过，在非遗学上，现在我们是领先者。但历史交给领先者的使命是继续开创。学术的开创所需要的不仅是勇气，更是精深的研究，并不断在实践中证实这些研究。

一个学科的建立，绝不会在一个短时间里完成，更不能只靠一两个学院的努力。它要靠学界的共同和不懈的努力。但我们一定要完成历史交给我们的这个使命。

应该说，在时代进入二十一世纪的二十年代之际，我国的高等教育出现了一个新名词，就是非遗学，这是一个重要的教育事件，也是一个重要的文化事件。

非遗是一个民族和国家伟大而不可再生的文化财富。它永远不是过去时的，它是活态的，它需要长盛不衰，它的文化精髓要代代相传下去，只有建立好非遗学科才能做好这样的保证。这件事情我们必须做好。我们现在做的这件事情，就像要建一座大厦，我们在放下最底下的一层砖。我们要把每一块砖放正、放好、放稳、放实，这样我们的大厦才能盖起来。

希望大家共同努力，把这个关系我们民族文化命运的一个大的学术、一个功在千秋的事业、一个崭新的学科——做好。

（在天津大学"非物质文化遗产系列教材"编写启动会上的讲话，2022.4.28 天津）

向我国首届非遗学研究生说

一

今年的新生入学典礼不同寻常。今天，像办喜事，但不是张灯结彩，却充满着异样的光彩与美妙。大量中华民族的非遗符号在这里展现。多位国家级传人光临今天的活动。国家级非遗传人吴元新专门为今天的入学仪式设计了一条有纪念性的蓝印花布的围巾。还有这么多我国重要的人文学者、教育家热情致辞。为什么？这是这件事本身的重要性决定的。

今天，我国非遗学科正式建立。天津大学是首个建立非遗学科并招收研究生的高校。第一批非遗学的研究生今天正式入学，它标志着我国非遗的保护与发展进入了专业和科学的轨道。

它标志着非遗进入了科学发展的新时期，社会发展的新时代。

自上世纪末至今二十余年，经过政府与学界、文化工作者及志愿者的共同努力，已经将千百年代代相传的中华大地上的规模浩大、灿烂纷繁的非遗，经过抢救、普查、整理、立档、申报名录，纳入政府的管理体系。国家级非遗超过1500项，政府四级名录超过10万项，传统村落6819个。我国列入世界非遗名录者达到42项，在世界居首位。农耕时代的文化家底我们基本清楚了，这在世界上没有第二个国家做到。

但是，列入名录，不是非遗保护工作的结束，而是保护工作的开始。我们所说的"后非遗时代"，就是非遗保护的时代。然而，我们下一步工作最大的挑战是缺少专业的人才。不只是研究人才，还有管理人才。现在，我们的10万项文化遗产，大多数还没有严格的、专业的和科学的保护。保护理念、规则、方法和监督都不够专业。这是国家非遗保护事业的急需，也是文化事业上的急需。

如果没有专业的、科学的保护，我们就不会真正做到传承，我们抢救下来的文化遗产就会得而复失。如果说我们前二十年做的是抢救性保护，在新时代里我们要做的是科学保护。

站在这个大背景下，我们看到了非遗学建设的必要性、重要性和紧迫性。因此，非遗学科闪亮登场。

为此，我为你们——能够历史性地成为我国首批的非遗学研究生，感到骄傲。

二

你们一定想听到我对你们说点什么。想说的很多。首先是想听到你们回答我一个问题：你们真的热爱民间文化吗？这不是个简单的问题。因为我问的是"热爱"，不是"喜欢"。喜欢，是对"他者"而言，爱是自己的一部分。热爱更是。

而事实上，民间文化一直在我们的生活里。民间文化不是他者。我们生下来，就被掌握在老人们那里的传统的婴儿养护经验呵护着；被传统医药、被化为谚语和歌谣的生活知识与生活智慧呵护着；数不清的民间艺术一直伴随我们长大；民间节日还一直是我们年复一年的迷人的生活高潮。中华民族的精神理想、生活情感、伦理道德、气质节操，以及审美标准，大多是通过节日告诉你的。

这些你不一定想过，但今天起你就必须想了。因为，不想就不会有认知，没有深刻的认知就不会有真正的热爱。喜欢不喜欢是浮浅的，热爱不热爱才是根本。而且，热爱之中才能产生责任感。说到底，热爱非遗才能进入非遗学。有文化责任感才能学好非遗学。

因此，我对你们的希望，绝不是两三年之后看到你们笑嘻嘻戴上一顶硕士帽，而是在更长远的未来，能在祖国的山河大地上或田野中见到你们，看见你们在为中华民族伟大的非遗事业生气勃勃地工作着。

三

同学们，非遗学是你们的事，也是我们的事。更是我们的事。由于非遗概念诞生的历史短，非遗学科是一门新兴的人文学科。这个学科正在建设中。我们的工作首先是要建立起非遗的知识体系和理论体系，新学科最重要的是要建立自己独特的知识体系。二是要建立起一整套符合非遗规律与特点的独特的研究方法和教学方法。

我们培养人才的目标十分明确，就是要培养出满足非遗事业需要的两方面人才：非遗研究人才和非遗管理人才。因此，非遗管理学、非遗档案学、视觉非遗学、传承人口述史、非遗博物馆学、民间美学等都是我们教研工作的重点，而且互为整体。由于非遗是活态的生活文化，我们强调"把书桌搬到田野"，田野体验和实践教学是我们最重要的方法。

我们已经制定了新学科的教育体系，设计了富于创造性的教学方式。非遗学科不同于现有的学科。简单地把现有的相关学科整合起来不是非遗学科。从它的性质与内涵而言，它又是跨学科的。所以我们运用"交叉学科"这一概念。

天津大学作为我国一所世界知名的一流的综合性大学，学科门类齐全，专业设置众多，学术底蕴深厚，为我们非遗学交叉学科的设置，提供了丰厚的资源和强有力的学术支撑。我们已经与天津大学一些相关学院合作，计划开展一些具有哲学、管理学、档案学意义的必不可少的教研工作与课程。交叉学科的学科之间不是加法，是乘法，不是物理性而是化学性的。只要相关学科紧密合作，天大的优势一定可以得到卓有成效的发挥。

我们知道，任何一个学科不可能是少数几个人，匆匆几年就能够完成的。它需要一代或几代人的致力与努力，需要不断探索和不断积累，需要各大学众志成城。为此，我们聘请海内外著名的非遗学者和国家级非遗传承人组成专家委员会，汇集各种学科思想与各方面的研究力量，共同推动非遗学科建设前进的轮子。我们有世界上最宏大和灿烂的非遗，我们的非遗事业正走在世界前沿。如今在大学设立这一学科，必将加速推动非遗学的进展。我相信——

它必将直接地为田野大地上的非遗保护确立坚实和系统的科学依据，为非遗事业培养与输送专业的人才。

它还将作为具有东方特色的独立的一门学科，为人类文化遗产的保护与发展做出贡献。

真正的历史观是，历史不只是站在现在看过去，还要站在明天看现在。我想，如果站在将来看，就会深知今天迈出去的一步有多么重要。我们是有理想和抱负的一代人，我们一定要为建立非遗学科而竭尽全力。为了五千年文明的历史和文明的未来，为了学术本身，为了热爱和准备投身到非遗事业的年轻人们，我们共同努力。

（在"首届非遗学硕士开学仪式"上的致词，2022.9.27 天津）

共同建设非遗学

欢迎和感谢大家出席今天的论坛。这么多著名的学者出席,表明今天论坛的重要;这么多海外学者远道而来,表明这个论坛的主题受到国际非遗学界的关注与关心。

今天的论坛是我国非遗领域中第一个"非遗学"的论坛。论坛的核心命题是非遗学建设或建设非遗学。这是一个大家共同致力的工作,是非遗事业最根本的要求,也是"非遗学"本身学术之必需。

非遗学是本世纪诞生的新学科。严格地说,上世纪——直到上世纪最后一天也没有"非遗"这个概念,更没有"非遗学"的概念。非遗是联合国教科文组织2003年《保护非物质文化遗产公约》确立时才确定的概念,是人类文化中一个崭新的概念,一个伟大的概念。它体现了人类的一种文化的自觉,一种文明的坚守与进步。

非遗是从民间文化选取出来的精华，是为未来选取的历史经典，是被各个国家、民族和全人类确认为自己必须永远传续的遗产。"遗产"的属性使它拥有了深刻的意义和珍贵的价值。

当人们把非遗的保存与传承的使命交给自己时，非遗工作就是新时代人类重大的文化事业了。

巨大缤纷的非遗需要我们去认知、甄别、整理、保护、传承与发展，这就需要我们拿出思想、标准、理论和方法。从应用理论、专业理论、系统理论到本体论和元理论。于是，非遗学应运而生。

我们谁也没想到仅仅二十年，非遗学已经成为世界人文领域的一个新学科。在我国，这与国家对非遗的高度重视，与非遗事业的蓬勃发展，与公民的文化自觉、保护意识的加强密切相关。还有，就是我们的学术界对非遗理论——特别是非遗学元理论的敏感。早在《保护非物质文化遗产公约》确立之日（2003）非遗学方面的著作在我国就初露端倪。二十年来，经过学者们的探索与努力，这个新崛起的学科充满学术的活力，非遗著作日见其多，非遗刊物层出不穷，愈来愈多的资深学者和年轻学人投入其中。

前年，非遗学教育已经名正言顺地进入我国的高等学府。天津大学有幸成为非遗学高等教育最早的承担者。

然而，从事非遗学研究和工作的人都看到，新生的非遗学还不是一个成熟的学科，还不具有完备而成熟的知识体系与理论体系。从一个个基本概念的定义到抽象的学术原则，还都需要更确凿的确立。新学科是一个全新的学术世界。它已经由无到有，却没有自我完成。构建起一个新学科，不可能一蹴而就，甚至不是一两代人就能干成的事。需要长期和持久的科研，需要学术力量的大量投入，需要各种真知灼见和立言立说，需要积极的思辨、讨论与交流，需要相关的机制建设。

然而，存在于生活中的海量的人类宝贵的遗产，其保护与传承，亟须理论的支撑和科学的保证。没有严谨的、坚实的非遗学的知识体系和理论体系，就难以完成对非遗系统性的保护。尤其是非遗的活态性，使它具有向负面变异的可能。这是非遗工作的难点，也是非遗学的难点和压力。

我向来认为，非遗学是要对现实负责的。非遗学者必须具有高度的责任感。这个责任不只在于我们个人，更需要我们学界，特别是需要我们这一代人共同承担。所以，我们在今天论坛的主题板上写了三个词："新时代、新学科、新使命"。

为此，我们邀请了非遗学、民俗学、民艺学等领域富于建树的学者们，邀请了一些来自其他国家的、在非遗工作上卓有成就的专家们，研讨非遗学的思想内涵，探求学理，阐发精要。一边各抒己见，一边相互启迪，共同为非遗学的建设做出努力与贡献。

我将洗耳聆听各位精辟的思考，我期待从各位精彩的论说中豁然开朗，期待着在各国学者不同的经验中得到启迪和点拨，我更期待着非遗学的美丽的轮廓在我们的论坛中渐渐呈现。

一次论坛是远远不够的，这次只是开始。我们要把这个非遗学国际论坛一届届办下去。我们要把一个个非遗学至关重要的问题放在接下去的论坛里研讨。还要把刚刚开启的非遗学网，作为常设的线上的论坛，作为大家包括国与国之间相互联系和交流的平台，以推动我们的非遗学的建设。我们愿为大家做好学术服务。

我们每一个国家在非遗工作上的努力，都将有益于全人类的文明与进步，愿我们积极交流，密切合作。

面对着这个新生的学科，我想说：

非遗学充满挑战，

非遗学充满诱惑，

我们对攀登非遗学这个高峰充满信心。

愿大家共同努力。

最后，让我以美好的心情祝大家一切顺利，论坛成功！

（在"新时代·新学科·新使命——非物质文化遗产学国际学术论坛"开幕式上的讲话，2023.10.23 天津）

在田野开花,在田野结果

首先,对大家表示欢迎。

欢迎大家参加我们在第十八个文化和自然遗产日举办的这个活动——大美在田野。在今天的活动中,我们将举行我国第一个非遗学科硕士点田野教学基地的成立仪式。

今天活动的主角是我们田野教学基地的合作者。他们是我国一些重要的国家级非遗所在地的管理者。这一批基地共五个,有的在长江之南,有的在黄河之北,都有着灿烂、深厚、独具魅力的民间文化。它们是温州瑞安木活字(世界遗产)、南通蓝印花布、杨柳青年画、天津皇会和西塘古村落非遗。今天,一些身怀绝技的传承人也亲临现场。我用一首诗称颂他们:

靛蓝花衣人间女，
白河鼓乐斜塘吟。
画好能生吉祥景，
字活更传万千文。

今天，远道来为我们助兴的朋友来自四面八方。有从北部草原而来的悠扬的蒙古族长调，有南国的粤人木偶奇妙的舞姿。表演者也都是国家级、省级非遗传人。

我想，这不过才几项非遗，就叫我们眼花缭乱，应接不暇。进入我国四级名录的非遗多达十万项，你说中华文明、田野大地的文化有多灿烂？

这也是今天我们在田野大地建立非遗学教育基地的原因之一。我们要通过基地真正认识非遗的灿烂，非遗的价值，保护好它们，让它们一代代传承下去。

建立田野基地，是我们的非遗教育走出的关键的一步。
非遗学的本质是田野的科学。
非遗在田野里，非遗学不能在田野之外。

真正的非遗学不是在田野之上,而是在田野之中。

非遗学要完成的不是一门学问,一门高深莫测的学问,而是要切实地服务于田野。非遗学是有现实责任和历史使命的,它最终是要为保护与传承非遗提供学术支撑。这一切都必须在田野中进行,在田野中完成。

所以,我们的田野教学基地不是一个采风点,更不是一个文化的观光点,而是一本大书。凡是理论上不明白的,田野里全有解释。

对于非遗学,田野是课堂,是教研的工作站,是人才培养的基地。说的再形象一些,非遗人才不是从教室走出去的,而是从田野走出来的。

我们这些想法首先得到了许多非遗所在地的欢迎与支持。这表明我们的想法切合实际,表明田野大地上的非遗渴望专业支持,需要专业的人才。下一步,我们将与基地合作,把非遗学的教研与非遗所在地的专业需求紧密地结合起来,共同确定科研项目;同时把科研项目作为教研的课题,让学生参加项目进行的全过程,从而有血有肉地认知非遗的性质、特征与规律,学习非遗学的理论,掌握非

田野的经验

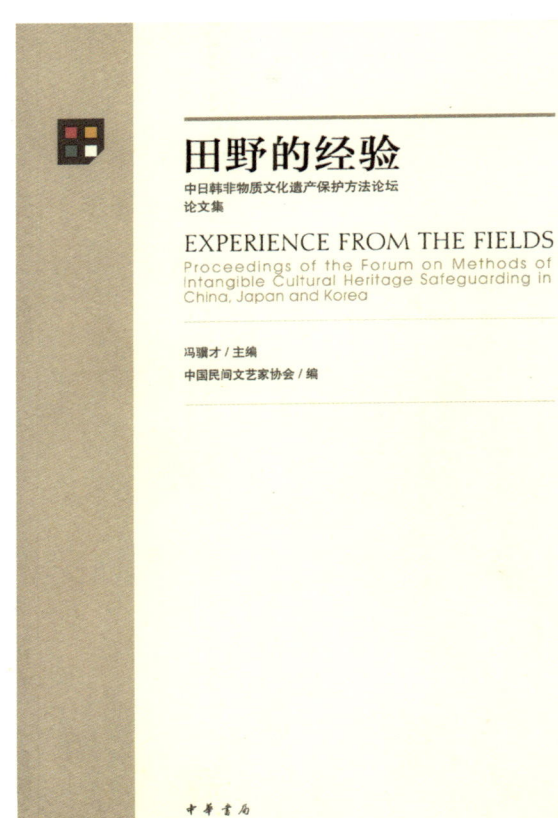

中日韩非物质文化遗产保护方法论坛
论文集

EXPERIENCE FROM THE FIELDS
Proceedings of the Forum on Methods of Intangible Cultural Heritage Safeguarding in China, Japan and Korea

冯骥才 / 主编
中国民间文艺家协会 / 编

中华书局

《田野的经验——中日韩非物质文化遗产保护方法论坛论文集》 论文集
2010
中华书局

遗学科研的方法，深入了解非遗的现实，关切非遗的保护和传承，命运与发展。

我们已经有了一整套关于田野教育的构想与规划。我们将在田野教学基地进行实践与实验。一为了培养真正掌握非遗学理论与知识的学子，一为了搭建起非遗学独有的知识体系和教育科学。

今天的仪式上，我们特意邀请了一些嘉宾。他们不是新面孔，我们彼此十分熟悉。他们大多六七十岁，甚至七老八十。我们是二十多年来在中国文化遗产抢救和非遗保护事业中，在风里雨里田野里一同工作的战友。我们有着共同的田野的经历、田野的记忆、田野的情怀。直到现在他们仍奔波在田野。他们是中国民间文化事业的脊梁。今天请他们来，一是为了给我们的师生以鼓劲，一是借用他们身上那股子精神。"说不定哪一天我们的学生去拜访你们，问道于你们，求你们带一带他们。做你们的传承人。"

今天，田野教学基地的成立仪式，应是非遗学一种教育方式的开始。希望它在田野里开花，在田野中结果。为了非遗学的建设,更为了灿烂的非遗的永续与繁荣。

谢谢!

(在"大美在田野"——天津大学冯骥才文学艺术研究院非遗学田野教学基地成立仪式上的讲话,2023.6.10 天津)

一道崭新的学术风景

本世纪以来，我国文化学界突现一道学术风景。它陡然地打开一片很大的学术空间，无数崭新的概念、话语、理论思考和研究课题一涌而出。它方兴未艾。它给较长时间比较平实，甚至有些沉闷的文化学界带来一片全新的风景与勃勃生机。这就是与二十年非遗（民间文化）抢救与保护的实践紧紧相随的理论探求与学术建设。现在应当予以特别的正视与重视了。

我们身处一个迅猛发展的时代。

当代的中国好像要从农耕社会一下子跳进高科技的工业社会。千百年来所固有的文化形态，遭遇到前所未有的冲击，发生了瓦解、濒危、中断、崩溃，甚至消泯。比如民间文化，比如传统村落等等。知识界看到这些行将灭亡的事物中有珍贵的历史财富，有必须保存和传承的传统；

但在世俗眼中却是时代的弃物，漠然以对。

可贵的是，一些文化的先觉者，没有在书斋中坐而论道，而是知行合一，投身山川田野中进行文化的抢救。这期间，刚好联合国确立非遗保护的国际公约。于是一个空前的对全民族民间文化遗产进行调查、整理、确认的工作全面展开。

这一次文化抢救与普查的工作不同以往。这一次是社会转型期间，对前一个历史时期（农耕时期）所创造的文明财富全方位的普查、梳理、总结与认定，以留住精华，使之传衍。这个过程必定是对原有文化再认识的过程。而当一种文化在社会转型期间有了遗产的属性，就多了一层价值、意义以及必须传承的重要性。在当代文化学者眼中，民间文化不只是学术对象，更不是他者，而是民族文化生命中根性的一部分。民间文化的整体性、生命性、地域性、个性，以及自身的精神内涵与构成体系，尤为我们这一代学者关注。

当我们个体的关注置身于总体的关注下，我们的学术就有了时代的高度和历史的高度。

我们先前不知道民间文化有如此灿烂、浩瀚与多样，于是民间文化的分类就遇到挑战；我们先前很少进行跨地域的文化调查，对文化特征的认识也就知之有限。此前对民间文化的研究大多出自学者个人的兴趣，民间文化理论的整体建设和本体建设自然薄弱。在时代性的非遗抢救和保护的实践中，就显出理论的有限和乏力。所以，我们提出"理论要支持田野"，呼吁"把书桌放到田野"中去。

二十年来，一代学人站了出来。一方面源自这次民间文化抢救迫使他们的理论思考与自己濒危的母体文化密切相关；一方面辄是他们所表现出的令人尊敬的高度的文化责任感。他们深知此次文化大普查更需要思想、学理的支持，科学的支持，学术的进取便获得真正的动力。同时在活跃的非遗保护实践与不断深入的理论思辨中，一个全新的理论体系——非遗学的构建开始凸显出来，并突飞猛进。经过多年努力，应该说，最近将非遗学纳入高校教育与学科的设置，应是民间文化和非遗学理论蓬勃发展并走向成熟的标志。

本期专栏所辑的三篇文章，即是上述情状之彰显。乔晓光是对中国剪纸的传承与发展做出重要贡献的学者，他在剪纸方面将抢救、研究、科学梳理与教育深入又完美地结合，具有典范性。这篇文章是他数十年来在这方面实践与思考的内涵丰富又深邃的总结。冯莉的文章着力论述唐卡档案编制中"文化"属性的意义与必要，阐述充分透彻，体现新一代学人有别于前一代的思考，值得关注。而向云驹是我国口头和非物质文化遗产观最早的阐释者和推广者。十余年来他为推动非遗学的建立写过大量严谨、富于建设性的文字，本辑刊发的他的文章则是在高校建立非遗学科可行性的思考，对于刻下非遗学进入学科教育，这无疑是一种思想理论上的推动。

本栏目希望通过这一组文章，与大家一同重视民间文化领域出现的崭新的时代性的学术景象。这是该领域的学人与时代同步，同时担当历史使命的学者精神的体现。这是近二十年文化学界出现的一个应当重视的、十分重要的学术成就。

2021.3.11

非遗学充满学术空白

非遗学作为一个新学科，现在我们主要做什么？是应该按照某种学科的范式赶紧编制一本书，还是先走进非遗的世界里，调查、研究、探索、思考、开拓？

我们呼吁建立非遗学，一是受时代之托，深感非遗现实需要科学系统的保护和学理支持，二是深知非遗学本身的重要性、必要性、迫切性。

田野都在哪些方面需要非遗学？首先是现在将近十万项非遗的大部分还缺乏严格的专业的档案，没有被科学地认知；继而是它们正在被动或主动地用单一的商业价值来判断自己，缺少保护和监督的机制与标准；接下来的致命性的问题就更多了……在这些最根本、最初级、最现实的层面上，我们的非遗学为它们做了什么？我们能绕开这些问题谈非遗学吗？

非遗学不是为理论而理论。它首先是时代转型期间为田野的文化遗产的赓续而产生的科学。它不需要高识阔论,只需要在田野中活生生的、能够发生效力的学术与思想。

这是一种什么科学?

非遗学是带着自己独特的学术使命的。这就决定了非遗学具有非同寻常的性质与方法。我们首先必须认识到这个学科的特征。比如,非遗学与田野的关系,与民俗学有着根本的不同。民俗学可以把田野工作当作一种采风,非遗学不行。民俗学是不干预民俗的,非遗学却要对非遗的传承与保存承担起学术使命。

对于一个尚未成熟的新学科,一个尚且存在许多空白的学术世界,对于尚不被我们全面认知的非遗,我们唯一的办法是走出书斋,走进田野。因为非遗在田野,非遗学也在田野。

唯此,我们在这个小小的书栏里,邀请了几位长期在田野中工作的学者和热衷于田野的学子,谈谈他们的思考。只有一身泥土气的学者之所谈,才使我们有兴趣,对我们才有启发,并有益于我们这座正在兴建中的非遗学大厦。

2024.3.11

《不能拒绝的神圣使命——冯骥才演讲集（2001-2016）》言论集
2017
大象出版社

附 录

非遗研究项目举要

为未来记录历史
——中国木版年画普查总结
《中国木版年画抢救与保护全记录2002—2011》序

二十世纪末,中国社会进入空前猛烈、急转弯式的转型。这种转型甚至是翻天覆地的。它给我们民族的文化乃至文明最大的冲击是传承的断裂,于是先觉的中国知识界发动了一场应时、及时和影响深远的文化行动——中国民间文化遗产抢救工程。

在千头万绪的民间文化遗产的抢救和保护中,一项工作犹如一条红线贯穿其间。它涉及全国、规模庞大、难度颇高,这便是对木版年画全国性地毯式的普查和科学的记录与整理。我们紧握住这条工作线索,由始至终,历时八年,现在可以说,这套巨大并十分重要的中国民间文化与艺术的档案,已经完整和可靠地建立起来了。

面对着它，总结以往，不论对于认识自我，还是坚持信念更清醒和科学地走好下边的路，都必不可少。

一、思想决定选择

早在 2002 年，中国民间文化遗产抢救工程启动之前，我们就组织起精悍的多学科的专家小组，在晋中一带对村落民俗、民间文学与艺术进行采样调查，为即将要展开的全国性的田野抢救，制定一系列统一的学术要求与标准，并编印了《普查手册》，为将要打响的遍及全国的文化战役准备好工具和武器。

接下来是选择突破口。这突破口具有试验的意义，试验成功了就会成为一种示范。因此，这突破口（即项目）必须具备四个条件：一、全国性，同时具有各个地域风格；二、文化内涵深厚，适合多学科调查；三、传承形式多样，既有个人和家族的传承，也有村落和地区的传承；四、处于濒危，即是紧迫的抢救对象。经过论证，我们选择了年画。

在农耕社会，生活生产的节律与大自然春夏秋冬的一轮同步。春节作为除旧迎新的节日，最强烈和鲜明地体现人们的精神愿望、生活理想、审美要求和终极的价值观。年画作为春节的重头戏，其人文蕴涵之深厚，民俗意义之鲜明，信息承载之密集，民族心理表现之深切，其他民间艺术难以企及。同时，它遍布全国各地，地域风格多彩多姿，手法纷繁，技艺精湛，又是绘画、雕版、民间文学与戏剧等多种文化和艺术的交汇相融，也是别的民间文化莫能相比的。然而，这一农耕文明时代留下的巨型文化财富，在社会开放和转型中，如遇海啸，被冲击得七零八落；许多艺人在上世纪"文革"期间即已偃旗息鼓、放弃画业，大批画版流散到古玩市场，一些昔时声名显赫的年画产地几乎听不到呼吸的声音。它无疑是我们全国性民间文化亟待抢救的首选的项目之一。

我们选定年画是在2002年年底。抢救工程计划在2003年春天展开。然而，年画只有在春节来临时才进入一年一度节气性的活跃期。我们必须抓住它春节前规律性的最好的时机启动。于是，我们选择这年十月在河南与当地政府共同举办全国年画联展与研讨会，邀请全国年画专家与名产地相关负责人出席。在会议上传布了我们即将展开全国民间文化大普查的信息，并发动各年画产地为一次全面的、划时代的、摸清家底的田野普查做好准备。

在那次会议上，我们明确地表示"我们要把年画作为抢救工作的龙头与开端"，"我们要将中国年画的遗存一网打尽！"

这不是一个口号，而是一个明确的目标。因为我们已做好学术性的普查方案。

二、科学的设计

由于我们这次普查处于由农耕社会向工业社会的转型期，对于中华文明史上一个阶段的文化创造，它具有一种总结的性质。因此，普查必须注重遗产的完整性和全面性，不能疏漏。特别是民间文化是一种非物质性与活态的遗产，它因人而存在，因特异的人文而存在，因独特的方式与技艺而存在；它不只是一种客观的学术对象，而是一种传统的精神生活，是一种文化生命。

由此反思以往，年画一直仅仅被视作一种单纯的乡土的美术，因而历来多以物质性的年画本身作为调查和研究的主体；如果此次普查仍是片面的美术调查，大部分文化遗产——特别是非物质的成分辄必失去。故而在此次普查中，我们把一个个产地的地域特质、人文环境、民俗方式、制作工艺、技艺特征和传承记忆，全作为必不可少的调查内容。这种调查是过去很少做过的。为此，我们事先编写了《中国木版年画普查提纲》。将普查内容列为十个方面。包括产地历史、村落人文、代表画作、遗存分类、张贴习俗、工艺流程、工具材料、传承谱系、营销范围和相关传说与故事。这必然超越美术学范畴，而是人类学、民俗学、历史学、美术学等多学科多角度的综合调查。

在调查手段上，除去传统的文字和摄影，还加入录音和录像，以适应活态和立体的记录。同时，口述史和视觉人类学等学科的调查手段也在此次年画大普查中发挥了积极作用。

由于我国年画制作是产地化的，这些产地大大小小分布在我国大多数省份。只有青海、新疆、宁夏和东北地区没有形成规模化和富于特色的产地，其余各省则皆有自己的产地。

此次普查将产地分为大小两种。产地之大小，不仅根据历史规模和影响力，还要看现有的活态遗存状况。一些产地历史上颇负盛名，但如果消亡太久和过于萎缩，便要归入小产地之列。

所有产地的普查都是翻箱倒柜式的田野调查，严格按照既定的要求与标准，逐村逐户地搜寻。调查前由各省民协按照《普查手册》和《年画普查提纲》组织人员，进行培训。普查人员由地方专家学者与相关的文化工作者相结合。调查结果要按照程序和标准进行分类、甄选、整理和撰写，并配合影像资料，制成该产地的文化档案。

在总的工作步骤中，第一步是把率先完成普查的《杨家埠卷》精心整理，经专家委员会审核后，先行出版，分发给全国各产地作为普查和编写的范本，以求各产地统一规范与编写质量的一致，这样就避免了后续各卷的参差不一。

最终列入大产地的文化档案包括《杨家埠卷》《杨柳青卷》《朱仙镇卷》《武强卷》《绵竹卷》《梁平卷》《凤翔卷》《绛州卷》《临汾卷》《高密卷》《滩头卷》《桃花坞卷》《平度·东昌府卷》《佛山卷》《漳州卷》《上海小校场卷》《内丘神码卷》《云南甲马卷》等。另有《滑县卷》是此次普查的重大发现，过去对于滑县的年画一直未加注意，甚至知之甚微，然而滑县一带历史上是中原地区信仰类年画的重要源头，其画风庄重浓郁，样式独具，特色鲜明，因另立一卷。大产地的档案凡十九卷，包括二十个产地。山东的平度和东昌府二产地因遗存体量不大，合为一卷。

此外，小产地的文化档案皆归入《拾零卷》中。包括：东丰台、郯城、晋南、彭城、泉州、南通、扬州、安徽、樟树、获嘉、汤阴、内黄、卢氏、老河口、夹江、邳州、澳门、台南米街、江苏纸马和苏奇灯笼画。凡一卷，共二十个产地。所谓小产地，其历史规模不一定小，多数由于现今活态衰微或遗存寥寥，难以单独立卷，只能委身于《拾零卷》中。还有一些产地曾经很知名，却因活态不存或片画难寻而不得已割舍之。

这里需要说明的是，从年画史看，木版年画进入上世纪以来，由于外来的石印与胶印技术的引进，石印的月份牌年画开始出现。石印年画形象逼真，有新奇感，而且印刷快捷，价钱便宜，很快占领了木版年画的市场。可以说，石印年画是木版年画的终结者。这在上海表现得十分突出。为此，我们在《上海小校场卷》加入了石印月份牌年画的内容，以体现年画纵向的历史。

此外，为尽可能将中国民间年画遗产完整呈现，不存遗憾，另设两卷《俄罗斯藏品卷》和《日本藏品卷》。在海外收藏中国年画的国家中，尤以俄罗斯与日本两国为最。俄罗斯学者对中国年画的研究早于我国学术界，由于他们的远见卓识，大量丰富的历史作品（主要是清末民初的年画），收藏于俄罗斯各大博物馆。日本一些博物馆所藏清代早中期的姑苏版桃花坞年画，如今在我国已极为罕见，日本学者对中国年画的研究也颇有建树。为此，我们邀请俄罗斯科学院院士李福清先生和日本学者三山陵女士对其两国博物馆及私人藏家收藏的中国年画广做调查，并主编这两卷藏品档案。图书中还附录了两国学者关于年画研究的专论。这两卷的年画珍品基本上是首次披露于世，具有很高的资料价值与研究价值，并使我们此次普查成果达到了完美的境地。

由于上述的设计和实行，我们实现了预定的目标，即完成了农耕时代中国年画终结式的总结。由三百万字，一万幅图片，大量珍贵的年画发现和全面的文化发掘，构成了这二十二卷巨型的集成性的图文集，终于将我国年画这一磅礴的历史遗产，井然有序地整理成为国家与民族重

《中国木版年画集成》22卷 文化档案

2005–2011

中华书局

要的文化档案。从现实意义上论，它成了这些年画产地进入国家与地方遗产名录保护（即政府保护）的可靠与有力的依据；从长远的意义上说，当这种口头与手工性的遗产，在转化为文本与音像档案之后，它便得以牢固、确切和永久保存。

可以说，记录就是一种保护，甚至是首要的保护。因为记录是为了未来而记录历史。

三、立足于田野

立足于田野，这是贯穿着长长八年的抢救工作的关键。因为，民间文化在田野，不在书斋。它不是美丽和无机的学术对象，而是跳动着脉搏却又危在旦夕的文化生命。

始自八年前朱仙镇上的启动，一连串的工作是频繁而不停歇的，组织、研究、论证，然后是逐门挨户地调查、寻访遗存、记录信息、艺人口述，跟着是资料梳理、分类整理、图片甄选与字斟句酌的档案编制，并且不断地回到田野去印证与补充。在中国民协抢救办的统一协调下，还要一次次组织各产地之间必要的工作交流，调配专家支持各产地的学术整理与编写，然而这一切都立足在田野。一切依据田野，来自田野，忠实田野。田野也使学术充满活力。

由于田野工作不断深入，我们还逐步认识到传承文化遗产最关键的载体是传承人，文化遗产的活力及精华主要在传承人身上。于是从2007年又启动了"中国年画传承人口述史"工作，这项工作由天津大学冯骥才文学艺术研究院中国木版年画研究基地承担。这样，我们再次返回到各个产地，对其重要的传承人进行新一轮口述史访谈。现在，包括十九个产地传承人的口述史也已经出版。当传承人的口述史完成，中国大地上的年画遗存基本上被我们打捞干净，完整地抢救下来。正是由于我们始终伫立于田野之中，才能使中国木版年画普查成果达到如此厚重与充分。

中国木版年画普查作为整个工程率先启动的龙头项目，它对整个工程的意义都具有示范性。

由于在文化史上，我们从来没有对民族民间文化做过这种划时代的普查与总结，因此无任何经验可资凭借。我们只有对母体文化的深挚情怀，只有对其身陷危境中进行抢救的激情，却没有现成的拿来一用的方法。

八年中，木版年画普查的收获，对于整个中国民间文化遗产抢救工程都具有示范的意义。特别是如上所述这种思想与文化的自觉、科学的设计和立足于田野。

科学的设计是指根据普查对象的文化本质、规律与构成，所制定的一整套切实有效的普查方法。正是由于这次年画普查的内容、程序和标准设计具有科学性和创造性，才获得如此收获。可以说，我们没有因仓促的行动和学术上的误判留下较大的遗憾。在2009年举行的"田野的经验——中日韩学者研讨会"上，我们系统介绍了这次文化普查的内容设计与方法设计，得到了在非物质文化遗产保护上处于领先地位的日、韩两国学者的赞许与认同。

木版年画普查的科学设计不仅使普查质量得到保证，并广泛应用到其他项目的普查（如剪纸、唐卡、泥彩塑等），还在各级政府申遗调查中被普遍加以采用。它的科学性、实效性和示范性对转型期文化遗产抢救和保护起到至关重要的作用。这也是中国木版年画普查的学术成果中一个重要的副产品。

立足田野，即与我们的文化共命运。我们不是文化的旁观者，也不是站在文化之上的知识的恩赐者，而是在文化之中为文化工作。田野是文化本身。木版年画普查的一切成果都来自田野和为了田野。

现在可以说，中国木版年画的普查工作画上句号。然而在文化的传承中，任何阶段性的句号都是一个起点。只要我们坚持立足于田野与科学的高度，并不放弃我们的责任，我们就会接着把每一件承担下来的使命完成。

2010.3

一个古画乡田野调查的全记录
——《中国木版年画集成·滑县卷》序

2002年冬日，全国木版年画抢救启动之时，我们对滑县——这个地处河南东北部的古画乡还只是所知寥寥。在根据当时已有资料开列出的我国年画产地的目录中，绝不可能有滑县这个相当陌生的地名。然而在这一次空前的席卷中华大地的农耕文明大盘点中，它露出了彩色的头角。2006年的秋天，担负着中州民间文化抢救工作的河南省民协传出惊人的喜讯——滑县发现了木版年画！

尽管我对豫北一带曾有年画的制作，曾经略有耳闻。但是误以为只是零星的作坊和少量的印制，不曾窥其真相。这一次，也就是当年冬天，当我们纵入这个偏远而生僻的地域后，惊奇地看到一个独具面貌、颇具规模的年画产地，竟在这中原腹地深藏不露。一种带着冲击力的新鲜感和异样的神秘感使我们穿过冷雨和泥泞纵入这个画乡，其感受十分深刻。为此我曾写过一本薄薄的书，叫作《豫北古画乡发现记》。以写实的笔法，记载了那一次几个印象强烈的细节。即在一位农民家中看到了农耕时代的始祖神农的木版画像，以及怪异而无人能解的文字对联和画面上的满文，还有在许多画面上都可以见到的四个字：神之格思——这四个字竟出自《诗经·大雅》！这个产地内涵之古老与深厚，由此显现出来。而接下来，当我们把此地年画与相距最近的一个极重要的年画产地朱仙镇进行比较研究后，竟发现无论是题材、风格、造型，还是审美体系都迥然殊别，截然不同。朱仙镇的年画风格的辐射力很强，连远在数百里之外的豫西——陕县、卢氏、灵宝等地的年画都和朱仙镇一模一样，但是为什么滑县与朱仙镇两地距离只有一百公里，只隔着一条黄河，却很少艺术上的姻缘与瓜葛？无疑，滑县可视为一个独立的年画产地了。

自2006年底，经中国民协同意，对滑县的年画普查由设在天津大学冯骥才文学艺术研究院的中国民间木版年画研究基地承担。由该院师生组成的普查小组多次前往远在中州的滑县地区进行全面、细致、科学的普查。普查严格遵循《中国木版年画普查提纲》提出的要求进行。对滑县年画的历史源流、自然环境、民俗信仰、生产生活、艺术特征、年画作品（画与版）和种类、工艺流程、工具材料、艺人状况、传承谱系、销售方式和范围，以及相关的民间传说和民谣等等，进行全方面又分门别类的普查。这种普查区别以往专家个人化的艺术调查，它强调文化普查，即以民艺学、民俗学、历史学、人类学（包括视觉人类学）、美术学等多学科相综合的视角切入对象进行调研。口述史调查则是此次普查着力使用的方式。因为，口述史调查更适合于非物质文化遗产的记忆性与口头性。这种普查理念与方式，比起先前的单一的艺术调查，更加全面、整体和立体。

为弄清调查对象的整体与外延，本次普查扩大了调查范围，足迹远涉滑县以外的内黄和安阳，以及滑县年画核心地区李方屯历史上行政管辖从属的山东省东明地区。此外，还对与滑县年画有一定文化血缘的安阳县苏奇村的木版灯笼画做了重点考察，在这大范围的文化搜索中，基本摸清滑县年画产地的范围与全貌。

经过紧锣密鼓、长达一年的田野考察，我们已获得滑县年画产地的全部资料。共登记年画526种、画版128种，拍摄照片8000余张，口述调查近十万字和大量动态的录像资料。通过分类、整理、重点研究，可以确信豫北滑县有一个精神内涵、审美体系、工艺流程、传承方式和销售手段完全独立的年画产地。这是中国民间文化遗产抢救工程与中国木版年画普查的重要的发现与成果。2007年秋，我们天津大学北洋美术馆举办"滑县木版年画普查成果展"，并举办了相关学者的研讨会。随后便在此基础上，对这一年画产地进行了档案化编写工作。标志着这一工作的基本完成即是本卷图书的出版。

这次普查由始至终得到河南省民间文艺家协会、安阳市市委与市政府、滑县县委与县政府的鼎力支持，他们是此项繁重工作能较顺利完成的有力支柱。尤其要大书特书的是滑县李方屯等地的百姓——特别是传承人给予我们的热情帮助，为使我们资料详实，一次次奔赴津门，送来那个遥远而趋于渺茫的历史珍贵的物证。正由于方方面面的襄助与合力，才使我们怀抱了一年的愿望付诸实践，我们为滑县编写出第一份年画遗产的档案。有了这份档案，则可为滑县留下一份辉煌的历史，并使他们对自己先辈留下

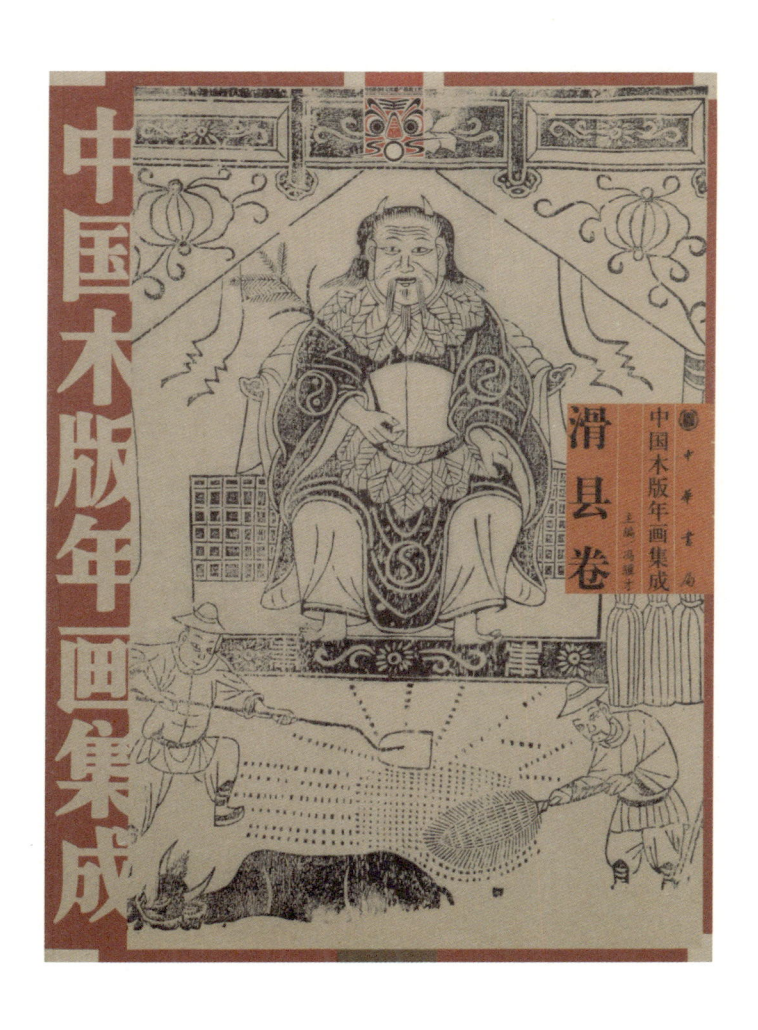

《中国木版年画集成·滑县卷》文化档案
2009
中华书局

的财富心里有底,并由此保护好它,继之以弘扬。

值得高兴的是,2008年6月我国第二个文化遗产日,在我们正对这份文化档案进行最后的校勘时,国务院颁布了"第二批国家非物质文化遗产名录",滑县木版年画被批准列入其中,代号为Ⅶ-143,由此成为国家级中华民族重要的文化财富。我们作为这一遗产的发现、调查和整理者之一,为此感到高兴与荣幸。因记录于此,亦作为本卷的序言。

2008.8

为大地之花建档
——《中国民间美术遗产普查集成》序

在我国民间文化遗产抢救工程启动后的第三年（2005年），我们的民间美术遗产普查发轫。这是历史上首次对民间美术遗产做出的整体性的盘点。旨在将这宗重大的历史文化财富全面摸清，整理有序，以利传承。

此项工作姗姗来迟，源于我国民间美术过于丰繁，深不见底，浩无际涯。动手之前要有充分的准备。

从历史的长度看，我国民间美术的起源何止于一两万年？在遥不可及的远古时代的那些石器、岩画、玉件、骨雕和彩陶上，华夏先人匪夷所思的艺术想象与造型能力，足以使今天那些自诩为如何先进的现代人叹为观止。艺术的本身从无先进与落后之分，只有高超与平庸之别。在那漫长而曲折的不断的嬗变中，我们的先人还创造了无以穷尽的审美语言和审美形态。可以骄傲地说，中华民族是尚美的民族。

从地域的宽度看，幅员辽阔的神州大地山川各异，气候相差，物产多样，再加上历史经历和民族的不同，各地文化相去甚远。民间美术是生活艺术和民俗艺术。创造者是普通百姓，他们没有任何美学的主张，只是将生活的情感与向往随心所欲地表现在身边的事物上。民间美术因之无所不在。从各类建筑及所有构件，到生产工具、祭祀法器、风俗用品、像俱什物、服装首饰、游艺玩具、家居饰品等等。它们在天生富于艺术才华的华夏先人的手中都可以化为至美的作品。所涉及的材料和制作工艺又极为多样。雕刻、绘画、刺绣、烧造、冶铸、印染、编织、漆艺、吹塑、剪贴等等，数不胜数。同时，它们因时代而异、因地域而异、因民族而异，其种类难以尽知。单说刺绣，表现在各民族的服装上，便不下数百种；仅是剪纸，遍及全国，各地迥异，风格万千。再说雕刻，由于材料不同而区别的就有石雕、木雕、玉雕、牙雕、骨雕、角雕、竹雕、砖雕、核雕、瓷雕、蛋雕、漆雕等等；单是石雕，由于地域不同，又有多少种？

谁能说出中国美术遗产究竟有多少？

民间美术本质地区别精英美术。它不是个人的单独创作，它是大众的共同创造和世代相传的。精英文化提倡个人独来独往的精神，民间文化的价值表现在本地域百姓的集体认同。它往往是一个地域审美的整体表现。或者说民间美术最能体现一个地域的审美共性。它们都是其所在土地上看得见的乡土个性。那么，整个民间美术不正是华夏民族外化的精魂吗？

从艺术的本身看，中国民间美术具有举世无双的艺术魅力。它鲜明的东方气质，浓烈的乡土色彩，神奇的想象和斑斓的多样性，都是一望而知的。在唐宋时期精英美术形成之前，各种艺术皆为民间工匠所为。到了宋代，文人画的出现促使了绘画的精英化。但书画之外的各种必须通过手工制作的艺术——包括雕塑——一直没有出现在精英层面。中国一直没有西方意义的雕塑家。这一点，中国和西方是不同的。中国把书画之外的艺术（美术）划给了民间。所以工艺一直在民间。它一直是百姓的艺术手段。心灵手巧的中国人便在生活中将它发挥得淋漓尽致。民间美术由心生发，伴随情感，无所拘束，所以浪漫的想象是其艺术主体。夸张、写意、象征和拟人是最常用的手段。理想化的内容、张扬的情感、对比的色彩、超时空的结构、意象化的造型和图案化的形象是中国民间美术的基本特征。我国民间存在着一整套完整的、丰盈的、独特的审美体系。它与精英文化完全是两种审美体系，与西方的审美更是相去千里，可惜我们至今还没有一部中国民间的美学史。其缘故，是我们面对的学术对象——民间文化太博大太纷繁了。

但是未等我们充分认识它，民间文化却发生了灾难性的变化。

自上世纪，人类社会已经开始由农耕文明向工业文明转型的步伐。始由八十年代，我国的这种转型一出现，便具有"遭遇"的色彩。由于改革是从"文革"造成的文化废墟中开始的，一种猛烈的社会急转弯使得本来已经相当脆弱的文明在延续上出现了断裂之虞。而迎面扑来的又是全球性物质主义的市场经济的冲击。

民间文化面临的困境是：一方面是它赖以依存的农耕社会迅速瓦解，民间艺术是与生活同在的艺术，皮之不存，毛将焉附？另一方面辄是民间文化的创造者并不知道他们所创造文化的珍贵。于是上述的民间美术大量和急速地消失着。传人去了，其艺了结；遗存散了，历史空寂。因此，我们把这次紧急和应急的民间美术遗产的普查，当作一次"终结性的盘点"。我们要将这繁衍了上万年的大地之花彻底地搜寻一遍，为其立档，为其制谱，使之永存。

鉴于中国民间美术遗产无比博杂，前提的工作是做好分类的标准。我国民间美术学者在分类上，一直是各行其是，缺乏一种通用的规范的统一的分类标准。倘若如此，普查一旦开始，便会陷入乱无头绪。因此，急需一种便捷、科学、标准化的分类法，从而使我们田野普查得来的成果井然有序。因此说，无论在纯学术的建设上，还是工具性的应用上，必须对分类法先一步进行研究和确立，不能回避。

中国民间美术分类研讨会于2005年8月30日至31日在天津大学冯骥才文学艺术研究院举行。与会者皆是国内知名的民俗学与民艺学的专家。值得高兴的是，这次充满学术压力的研讨会没有泛泛议论，走入空谈，而是富有成果地认定了一种具有应用性和可行性的分类法。即从张道一先生提出的"二分法"入手,进行多级分类的方法。这次研讨会对即将开启的民间美术遗产的普查颇有贡献。本《集成》的样卷本"贵州卷",正是以这种分类法为依据,结合本地遗产的特殊性,来理清极其芜杂的普查成果的。

需要说明的是,按照联合国教科文组织的概念,文化遗产包括物质的和非物质的。这种纯客观的物理性的机械的区分的方式在学术界至今存在歧见。因为非物质的文化遗产也有物质性的部分,而且不同门类的文化遗产的物质内涵大不相同。作为民俗和民间音乐舞蹈,它活态的非物质的进行过程是最重要的;作为民间美术,它物质的创造结果才是最重要的。故此,本次民间美术遗产普查将着眼点落在物质性的遗存本身上,而把对相关的传承人的调查放在另一大型项目"中国民间文化杰出传承人"之中。

本次普查以省为单位,要求地毯式的拉网普查,不留死角。对所有美术遗存都要进行表格化的文字登记,并以品质优良的照片作为视觉文本共同存录。然后,分类整理,建档保存。此外还要记录这些遗存应用于生活的种种影像,以使所保存的档案具有更宽广的人类学的价值。每省的普查结果，都要建立完整的遗产档案。以纸面的卷宗和信息库两种方式保存，并精选一册以上大型图集出版。名为《中国民间美术遗产普查集成·××卷》。

本次普查的组织，由中国民协各省分会负责，组织相关专家学者和志愿者。普查在专家学者的指导下进行，对成果的甄别和整理必须由专家学者来做。经费来自两个方面，一为地方政府，一为社会各界支持。冯骥才民间文化基金会将负责社会的集资工作。

为了做好这次全国的民间美术遗产普查，特意选择贵州省率先进行。贵州民族众多，遗产丰厚，学者实力强。此次承蒙贵州省委宣传部门鼎力支持，学者全力劳作，历时一年半，跋山涉水，历尽艰难，将三十几个民族上千个村寨的遗产全部锁定和摸清，终于将该省的民间美术遗产一清二楚地把握在心中。因此，才有这样一部完全是第一手资料的学术性极强的高质量的图集。堪为全国各省民间美术遗产的普查做出示范。

如前所言，本次中国民间美术遗产的普查为前所未有。虽然古往今来，不少专家都做过许许多多民间美术的田野作业，但大都属于专项的和个体的。像此次这样全面地、

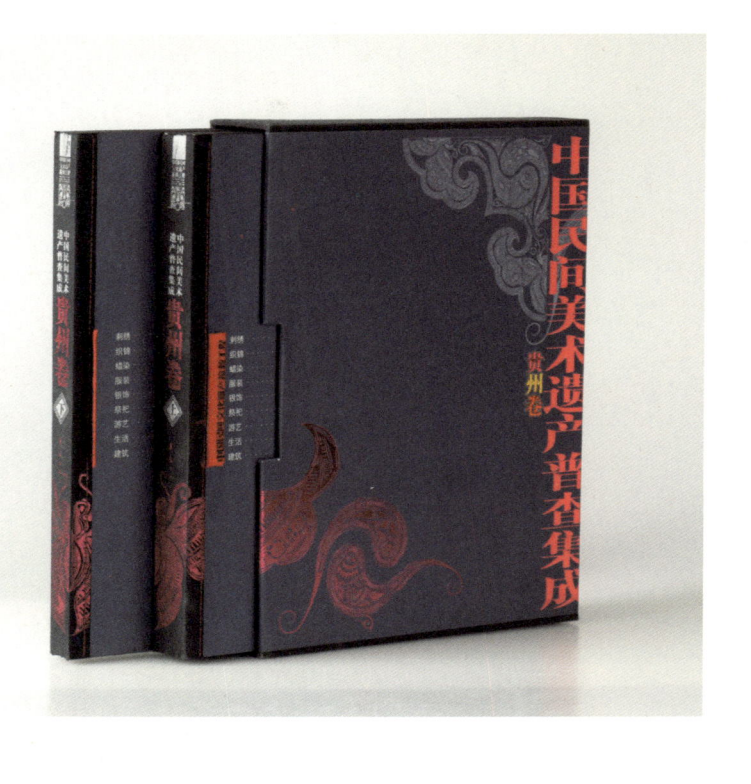

《中国民间美术遗产普查集成·贵州卷》 文化档案
2007
华夏出版社

整体地、拉网式地搜索大地之花，尚属首次。这也是民间美术遗产遭遇全球化和现代化冲击的极其濒危之时，当代文化界做出的富于高度文化责任感的令人感动的选择。我们不能叫后人对先人的天才创造茫然无知。也就是说，我们一定要为中华民族的民间美术遗产留下一部完整的档案。

丁亥.春节.初三

一定要为唐卡建立文化档案
——《中国唐卡文化档案田野普查工作手册》序

一

这本田野普查的工作手册,是提供给参加这次藏族唐卡文化普查人员的工具书。目的是统一普查的目标、内容、方法和标准。

唐卡非凡的价值,以及这次普查的重要意义大家深知,毋庸多说,但普查起来却非易事。

它历史久远,内涵博大,气息密集,遗存海量,画派纷纭,名师如林;而且分布广阔,地跨多省,现状十分复杂。最严重的问题是各产地都缺乏文字记载,大部分无形地保存在代代相传的记忆中。存在于记忆里是脆弱的、分散的、不确定的。面对上述这样的状况,普查若无统一的科学的方法、规则、标准，就很难将其梳理清晰，有序地存录和完整地把握，也无法达到最终目的：为中国唐卡建立文化档案。

经过专家们半年多的努力，反复和精心的研讨与论证，制定出这样一套统一的学术标准与要求来。

这是我们的普查工作必须遵循和完成的。

二

本手册的思路与方式，和中国木版年画、中国民间剪纸两个系列完全一致。一、普查服从立档要求；档案所需，普查必做。二、不是单方面的艺术调查，而是全方位的文化调查。因为我们要做的是文化档案。故此，这次普查的特点如下：

A．这次普查采用多学科综合的角度。包括文化学、民俗学、民族学、人类学、美术学。这样才能立体地认识唐卡，整体地把握唐卡。普查内容包括：村落的历史沿革、自然环境、生产方式、地域民俗；唐卡的历史流变、艺术特征、代表作品、制作流程、工具材料、传承谱系、传播方式以及相关的传说与文献性的依据。

B．调查方式是深入村落，串巷入户，地毯式地进行，不留死角。

C．以口述调查为主，特别是传承人及其家庭的口述调查。

D．追寻遗存，重视实据，保存线索。

E．记录方式为文字、录音、拍摄、录像。

这样，我们才可能为唐卡（包括各个产地）建立起一份科学、可靠、详尽的文化档案。我们要完成的成果十分具体，一为大型图文式书籍《中国唐卡文化档案》，一为"中国唐卡数据库"。

三

中国民协于 2012 年确立中国唐卡文化普查的项目，确立方案和计划，组成学术委员会与工作机构。此方案于 2013 年 2 月经全国哲学社会科学规划领导小组批准为"国家社科基金特别委托项目"（13@ZH004）。属于国家级重要文化项目，这就直接给唐卡的抢救和保护以十分有力的

冯骥才 ◎ 主编

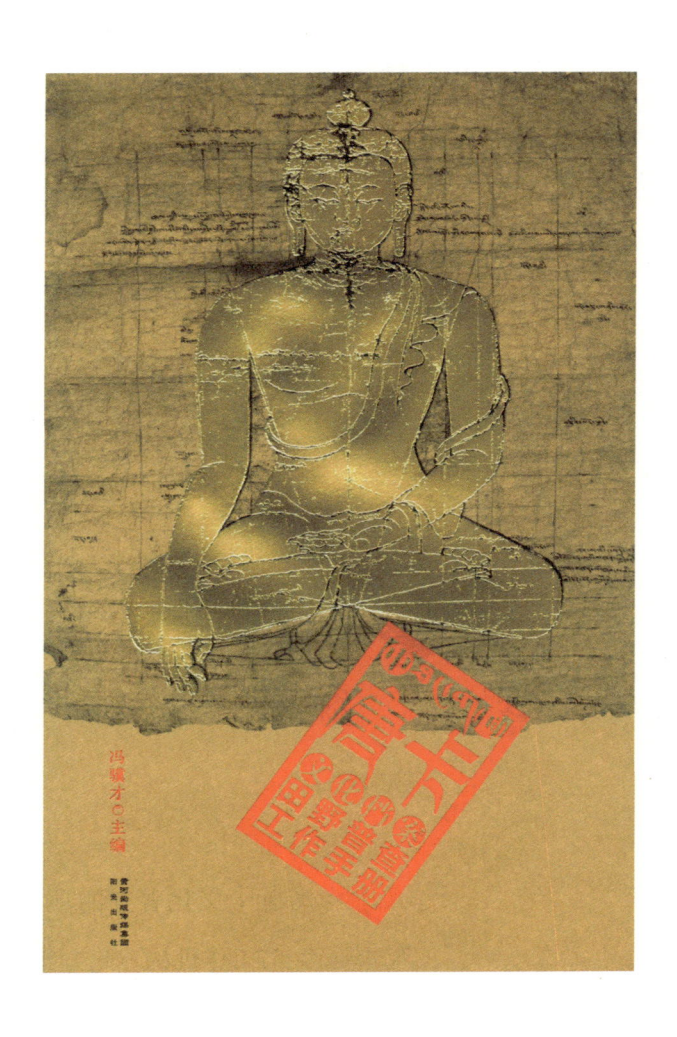

《中国唐卡文化档案田野普查工作手册》工具书
2013
阳光出版社

支持与推动。

新的特定的目标，需要清晰和统一的学术标准。这本手册缘此而生。它将人手一册，伴随我们今后多年的田野工作，成为我们普查之所本。希望各位普查工作者熟读它、掌握它、依据于它。

从今天起，我们进行的中国唐卡的大普查，将是对唐卡——这一伟大而灿烂的文化遗产一次全面的抢救总结、梳理与记录。它是历史的首次，它要"一网打尽"，它具有抢救性和紧迫性。它的意义深远，规模浩大，工作艰巨，困难很多，需要我们各地区、各领域、多民族学者和文化工作者通力协作，共同努力。需要我们有高度的文化责任、对文化的挚爱和持之以恒的工作精神，以使唐卡这朵中华民族古老、神奇而艳丽的花永世开放。

2013.12.17

唐卡立档的缘起与意义
——《中国唐卡文化档案》总序

每一种文化遗产都需要一份严格的科学的档案。档案是这一文化遗产原真性的全记录,是其生命性存在的确凿见证,是其身份的依据,也是不可或缺的文献。然而,物质性的文化遗存多有档案,而非物质的、活态的、应用性的民间文化遗产大都没有档案。它们飘忽不定地保留在人们集体的记忆里,或散见于各种物证上,存耶失耶,无从确保。尽管诸多非遗在申报国家文化遗产时提供了一定的文字资料与说明,但并非严格的真正意义的档案。应该说,我们大部分非遗是没有档案的。在当下时代与社会的转型中,这些没有档案、没有凭借的文化遗产怎么可能真正做好保护与发展呢?因此,为非遗建立档案是首先要做的,而且必须抓紧做。

为此，对于唐卡这一藏族特有的宗教性的神圣而灿烂的传统文化，这一至少有一千五百年历史的中华民族杰出的艺术创造，为其建立档案，更是当务之急。因故，自2003年中国民间文化遗产抢救工程启动之日，就将其列入第一批开展普查的名单中。

然而给唐卡做档案绝非易事。它历史错综，内涵博大，体量庞大，信息密集，遗存海量，产地众多，画派纷纭，风格丰繁，技艺精湛，且分布广阔，地跨多省，现状十分复杂。这种复杂性远远超出我们的预想。特别是，它大多缺乏文献记载，不确定地存在于世代相传的生活记忆里和五彩斑斓的历史遗作中。故而，对唐卡的普查工作相当艰巨，整理起来专业性极强，整体工作的把握更需要严格的学术规范。我们在二十世纪末对唐卡的普查与整理工作收获虽然不小，多个产地（如吾屯、玉树、德格八邦等）卷本已然完成出版，但是作为"档案"却存在较大缺憾，主要是"重画作，轻文化"，致使许多宗教性、风俗性的内容以及相关的生活文化没有采集和编制进来，这些都是唐卡重要的生命土壤。非遗的立档，必须充分和完整，不能有缺少与失漏。不能把遗憾留给历史。历史记忆的存在是有时间性的，倘若漏失与错过，后世永远不能弥补。

于是我们决心"返工"。从头再来，进行重新一轮的论证、规划、组织、普查、整理与编纂，来为唐卡建立一部真正完整的科学的档案。在启动前，我们成立了筹备组，先做好如下的准备：

一、建立由全国一流的藏学学者、人类学者、文化学者和美术史家组成的专家委员会和相关各省民协负责人组成的工作委员会。工作委员会负责工作的组织与推动；专家委员会负责制定工作规划大纲、分卷内容、调查提纲、图文标准和编纂体例，以及对所有编制完成的档案的审定工作。

二、以历史形成的具有独立的文化艺术特征的产地立卷。经反复论证，确定为16卷：《吾屯卷》《藏娘卷》《年都乎卷》《迪庆卷》《甘南卷》《拉萨卷》《日喀则卷》《昌都卷》《阿里卷》《苯教卷》《阿坝卷》《炉霍甘孜卷》《德格八邦卷》《山南卷》《拾零卷》以及《域外卷》。《域外卷》为海外收藏藏品档案卷。各卷的专家委员会由当地的专家组成，负责该卷的调查、整理和编纂。各卷主编皆由重要的唐卡研究专家担任。

《中国唐卡文化档案》 文化档案
2016—2023
青岛出版社

三、此次立档所强调的是"文化档案",不只是"艺术档案"。不仅仅把唐卡作为一种藏族绘画,更是作为一种藏族的宗教生活、民间文化与独特的艺术方式来进行调查与建档。在田野普查中,将采取木版年画与剪纸两项全国性大普查中所执用的学术理念与工作方式,即对遗产的历史流变、宗教内涵、供奉方式、地域特征、自然环境和文化空间,以及画派、画风、画技、工艺、工具、材料、传人、传承、艺诀、传说等,展开全方位的、一网打尽不留死角的普查,然后进行学术整理。同时强调,传承人的口述史调查是重点的田野调查方式之一。调查采用文字、录音、摄影、摄像四结合的立体化的手段,其技术标准必须达到专业水准,以使档案饱满、充分和高质量。

重新规划的唐卡建档工作,经过专家确定以"中国唐卡文化档案"为项目名称。2012年申请国家社科基金。2013年被全国哲学社会科学规划办公室列为"国家社科基金特别委托项目",项目编号13@ZH004。

该项目最终的成果除去上述的16卷唐卡文化档案,还将建成"中国唐卡文化档案数据库"。

该项目于同年启动。项目工作室设在中国民间文艺家协会。首先的工作是将此次普查的宗旨、目的、要求、标准、方法，编印成《中国唐卡文化档案田野普查工作手册》，普查人员人手一册；同时在北京、西藏、四川等地组织各卷调查人员进行专业培训，以使如此浩大的工作能够得到统一的规范、严格的把握和有序的推进。

经过为时一年的努力，率先完成的《昌都卷》具有范本的意义。这一力图体现项目设计的全部理念与初衷的卷本，将是整套档案最终成果的一种预示性的展现。

此次为中国唐卡立档，是历史上第一次对这一优秀的中华文化遗产全面的调查与科学的梳理和总结，也是一次大规模跨省区的文化行动。此前，对唐卡的田野调查与研究多属于专家学者的个人行为，从未有过这样的"集体行动"。然而，只有这样"兴师动众"的全面和全方位的调查与整理，唐卡才能获得一份史无前例的完整和科学的文化档案。这体现了国家的文化高度和知识界的文化视野与文化担当。

同时，这件工作过去从未有人做过，从学术理念、标准、体例到具体方法，既充满开创性，又深具挑战性。

然而为唐卡立档，是当代文化遗产保护中一件十分艰巨又必须承担的大事。它对于这一优秀的传统文化的保护、研究与持续的繁荣，意义之深刻与深远，也许到了将来才会看得更清楚。

2015.1.11

活着的遗产
——关于民间文化传承人的调查与认定

一

人类一边前进,一边把创造的精神财富留在遗产里。这种遗产就是文化遗产。文化遗产的存在形态极其丰富和繁复,当代人共同认定的区分方式是分为两大类,即物质文化遗产和非物质文化遗产。

物质文化遗产是物质性的、静态的、看得见摸得着的,是以物为载体的,它首要的价值是对远去的历史文化做确凿的见证。非物质文化遗产主要是非物质的、无形的、活态的,是以人为载体的,它依靠口传心授而世代相传,因此它是活着的历史,也是我们精神生活的一部分。

自觉地传承这种非物质文化遗产的人就是传承人。

他们是非物质文化遗产的主角。在人类尚没有"文化遗产"的概念之时，广大民间各种世代相传的文化中，唱主角的也是这些传承人。他们就是数千年来一直活跃在民间的歌手、乐师、画工、舞者、戏人、武师、绣娘、说书人、各类高明的工匠以及各种民俗的主持者与祭师。这是一种智慧超群者，才华在身，技艺高超。担负着民间众生的文化生活和生活文化。黄土地上灿烂的文明集萃般地表现在他们身上，并靠着他们代代相传。有的一传数百年，有的衍续上千年。这样，他们的身上就承载着大量的历史讯息。特别是这些传承人自觉而严格地恪守文化传统的种种规范与程式，所以往往他们的一个姿态、一种腔调、一些手法直通远古。常常使我们穿越时光，置身于这一文化古朴的源头里。所以我们称民间文化为历史的"活化石"。

传承人所传承的不仅是智慧、技艺和审美，更重要的是一代代先人的生命情感，让我们直接、真切和活生生地感知到古老而未泯的灵魂。这是一种用生命相传的文化，一种生命文化，它的意义是物质文化遗产不能替代的。

有史以来，中华大地的民间文化就是凭仗着千千万万、无以数计的传承人的传衍。它们像无数雨丝般的线索，闪闪烁烁，延绵不断。如果其中一条线索断了，一种文化随即消失；如果它们大批地中断，文化就会大片地消亡。

二

人类的非物质文化遗产基本上是农耕时代的产物。可是当前人类的文明正由农耕文明向现代的工业和商业文明转型，工业和商业文明要根本性地改变人们的生活内容和生活方式、民间文化是一种生活文化，它必然首当其冲受到冲击和排斥，一部分被工业文明淘汰掉，一部分被商业文明转化为商品。这是全球性的问题，无论多么古老迷人的文化也得不到豁免权。我们所面临的这种转型又与急转弯式的社会变革紧密相关。工业和商业文明几乎是横向地"杀入"到农耕社会中来。看上去，更像一种文明的"宰割"。随着快速进行的乡镇农村的城市化，生活的现代化，原先固有的文化便被视为时代的弃物而撇在一边。在人们迟迟没有把农耕文明的创造当作遗产时，它们就已经支离破碎，大量地飘失与流散了。

其中最令人忧虑的是传承人的锐减。其原因，或是传承人年事已高甚至离世而去；或是无人承续，后继乏人；或是后人弃农经商，进城打工，改换身份等等，都致使传承线索的中断。这是今天我们深感中华大地的文化日渐稀薄甚至空洞的缘故，也是我们要尽快认定和着力保护传承人的根由。

三

保护传承人的前提是认定传承人。对传承人全面、细致和快速的普查又是认定的前提。

此次展开的对全国五十六个民族的民间文化传承人的普查，得到中宣部的直接支持，定名为"中国民间文化杰出传承人调查、认定和命名"。该项目属于中国民协主持的中国民间文化遗产抢救工程中一项重要与核心工作。起始于 2005 年 3 月。项目对象是杰出的民间文学、艺术和手工技艺传承者三大类。这些传承人应为某一地区特有的民间文化传承人的优秀代表，技艺高超，可以使这些历史悠久的民间文化传承有序。

由于这项工作事关对历史的总结与今后的保护与传承，规范性、程序性、严格的学术鉴定和认定是必须遵循的工作原则。

对传承人的调查是在正在进行的民间文化遗产抢救性的田野普查中展开的。经过近两年的有条不紊的工作，已产生第一批"中国民间文化杰出传承人"，凡153项161人，都是经过普查发现、申报推荐、专家鉴定、调查核实和网上公示等严格的程序才最终被认定的。他们是中国民间文化各个领域中杰出的传人，是活着的历史精华。传承人得到了国家一级评定标准认定的同时，他们所传承的文化也被认定。中华文化的家底在他们身上被一件件认清，非物质文化遗产保护的目标也被具体锁定。

为了使这项关乎中国文化传承的重要工作得到更确凿的延伸，我们对所有认定的传承人生活的文化背景、地域特征、民俗习惯及其传承史、口述史、技艺过程、艺术特点和代表作，按照统一格式进行进一步的调查与整理，建立完备的档案和数据库，并以图书方式加以表现。本书即是其中的一种。

《中国民间文化杰出传承人调查·认定·命名工作手册》工具书
2005
中国民间文艺家协会

四

必须强调，尽快调查与认定传承人，在非物质文化遗产保护工作中至关重要。因为我们对传承人之所知十分有限。对其保护的力度，抵不上它消失的速度。

在这第一批传承人的调查中，就多次遇到过闻讯而去，那边却已人亡艺绝的憾事！特别是这批传承人经过专家鉴定上网公示时是165位，但在公示的过程中已有4位辞世，目前剩下的是161位，超过80岁的有18位，其中年纪最大的是纳西族东巴舞者习阿牛（93岁）。

一旦失去传人，非物质文化遗产就不存在。传人去后，只有遗存。遗产的非物质性就转化为物质性了。因此说，非物质文化遗产比物质文化遗产脆弱得多。它的关键是传人的脆弱。所以，抢救性普查、科学认定以及切实有效地保护传承人，才是保护非物质文化遗产的关键。

我们留给后人多少非物质文化遗产，就看我们查清、认定和保护住多少杰出的传承人。如果失去传承人和传承，这些遗产只有一个归宿，就是一动不动地躺在博物馆，并永远沉默着。

这是巨大又细致的工作，是十分艰难又不能绕过的工作，并且是必须亲临田野第一线的艰苦工作。但这是我们必须承担的工作。

　　这桩至关重要的事刚刚开始，愿更多的人投入其中。

2007.3.28

为传承人口述史立论
——《传承人口述史方法论研究》序

口述史,作为一种特殊的研究方法与文本样式已经在历史学、社会学和人类学等领域中广泛应用,相关的理论体系亦已形成,但是"传承人口述史"还是一个崭新的概念,还缺乏理论支撑,因为理论建设需要足够的积累、丰富的实践和自身的历史。我国非遗(民间文化)的保护自二十一世纪初才步入正轨,传承人的认定和保护不到十年,而"传承人口述史"的概念更是在其后才出现的。然而,一经出世,便站住了脚,并显示出它对于非遗的挖掘与存录有着不可替代的功能和意义。

物质文化遗产的传承载体是遗产的本身,非物质文化遗产主要保存在传承人的记忆和经验里。这种记忆与经验通过目睹、言传和身教三种方式代代相传,没有文字记录,没有确凿与完整的书面凭据，它的原生态是不确定的，传承也不确定。这样，在当前时代转型、现代文明冲击的背景下，极易瓦解消散。出于保护民间文化遗产的需要，非遗档案调查与建立的需要，保护传承人的需要，口述史便应运而生，派上用场。再没有一种方法更适合挖掘和记录个人的记忆与经验，并把这些无形的不确定的内容转化为有形的、确切的和可靠的记录。于是，在我们的社会学、历史学、文学和人类学的口述史之外，又出现一个新面孔，就是传承人口述史。

很久以来，民间文化的研究，大多采用口述调查来获取田野资料，很少采用现代意义的独立的口述史文本。口述调查与口述史有着根本的不同。口述调查只是一种简单的问询方法，注重的是材料本身；口述史则不然，它更是一种文本样式，一种体裁，更着意于独立的以人为主体的口述内涵，显示现代科学对人的尊重。由于民间文化在本质上是一种生活的、人的、自发的文化，口述史就来得更为重要。

当然，由于传承人是一个独特的各擅其能的群体，是一群"另类"的人，同时传承人的口述史还有民俗学和遗产学等方面特殊的要求,因而"传承人口述史"自具特征、标准和文本的方式。一方面,它与历史学、社会学的口述史有共同和一致之处,一方面又有鲜明的不同,比如说,传承人口述史文本要有资料性、档案性和知识性,这就自然与其他口述史迥然不同了,需要用理论来总结。

十年来,我们做了大量的传承人口述史。比如《中国木版年画传承人口述史》(十四卷),对全国各年画产地所有代表性传承人都做了口述史,记载了每位传承人的村落文明、家族背景,以及个人生命史,同时对其擅长的非遗的传承源流、技艺特征、工艺流程、画作品类、艺诀口诀、相关传说等等,也做了周详的考察与存录。这套传承人个人化的生命档案与我们通过大规模田野调查完成的各产地的文化档案《中国木版年画集成》(二十二卷),共同构成中华民族这一重要文化遗产有血有肉的全记录。由此我们认识到传承人口述史在非遗挖掘和存录上的重要意义及不可或缺,同时,也深感建立这门学科的理论已是时不可待。只有经过理论上的再认识,才能更清晰地把握和发展这门学科。

在当下国际学术界,口述史已经由一个从属于历史学、人类学和社会学的研究方法，发展为一个新的学科，但是还没有传承人口述史——这一专门概念的提出。它是中国文化界提出来的，是我们在非遗抢救和保护中对口述史的广泛运用从而获得的学术发现。由此进行相关理论的建设，则体现我们学术上的自觉。我们要把传承人口述史作为一个学科分支从实践到理论扎实地建立起来。

现在我们所做的努力还只是一种理论的初建，肯定问题多多。但随着传承人口述史在遗产保护领域的应用与推广，这一学科的理论建设一定会引起更多人的重视；反过来说，理论的日益成熟，必将使传承人口述史的学术水平得到提升，从而为民间文化遗产的挖掘和保护发挥更大的学术作用。

2015.4.30

Academic Symposium of the inheritor "Interpretation"

传承人“释义”
学术研讨会论文集

冯骥才 主编

文化艺术出版社

《传承人“释义”学术研讨会论文集》论文集
2019
文化艺术出版社

让灿烂的口头文学永远相传下去

今天,我们要启动中华民族的口头文学的数字化工程。

我们之所以选择年前最后一天做这件事,是因为这件事实在过于重要,过于庞大,过于紧迫。好像拖过今天,就拖过了一年。

口头文学包括史诗、神话、故事、传说、歌谣、谚语、谜语、笑话、俗语等。数千年来,像缤纷灿烂的花覆盖山河大地;如同一种神奇的文化的空气在我们的生活中无所不在,并且代代相传,口口相传,直到今天。

一个文学大国的文学,总是分为两种:

一种是用文字创作、以文字传播,这种文本的文学是看得见的、确定的、个人化的。这是文人的文学多采用的方式。

另一种是用口头创作、以口传播，这种口头的文学是无形的、不确定的、在流传中不断改变和加工的，而且是集体性的。这是民间百姓的文学方式。

可以说，口头文学是数千年来老百姓自己的精神创造。它最鲜明和最直接地表现中华民族的精神向往、人间追求、道德准则和价值取向。中国人的气质、智慧、审美、灵气、想象力和创造力，充分彰显在这种口头的文学创造中。

我们的一代代先人就用这种文学方式来传承精神，表达爱憎，教育后代，传播知识，娱悦生活，抚慰心灵：农谚指导我们生产，故事教我们做人，神话传说是节日的精神核心，史诗记录文字诞生前民族史的源头。

由于我们历史悠久，地大物博，地域多样，民族众多，故而我们的口头文学其样式，其种类，其内涵，其风格，其数量，之大之深之多之广，无法估量。

更别说它是无以数计的戏曲名作和小说名著的源头。

不少没有文字的少数民族的文学史都是纯粹的口头文学史。

然而，这种无形地流动在民众口头间的口头文学，本来就是生生灭灭的。在社会转型期间，很容易被忽略，从而流失。特别是当前这种从农耕文明向工业文明的"文明转型期"，前一个历史阶段的文明必定要瓦解。这之中，口头文学最易消亡。一个传说不管多么美丽，只要没人再说，转瞬即逝，而且消失得不知不觉和无影无踪。所以说，最脆弱的非物质文化遗产是口头文学。

中国知识界凭着文化的敏感与责任感，很早就开始了口头文学的搜集整理。中国民协成立于1950年，前身名称是"中国民间文学研究会"，表明口头文学一开始就是我们的学术重点。六十年来，大规模的口头文学抢救性调查共三次。第一次是1957年的民歌调查运动，第二次是1984年"中国民间文学三套集成"（故事、歌谣、谚语）普查编纂工作，第三次则是始自2002年的中国民间文化遗产抢救工程。

六十年来的普查成果，有一大批填补了中国文学史、文化史的空白。如少数民族地区鸿篇巨制的三大史诗和众多斑斓多姿的神话作品的发现，而已记录的叙事长诗与抒情长诗达千余部之多；华北、中原与西北地区活态神话群的发现；江南和中南地区汉族民间叙事长诗的发现，且已记录下的口头作品有百余部之多。

六十年来，中国民协调动数十万人加入这支口头文学的抢救与普查队伍中。有一份材料是上海市民间文学集成办公室的《捐赠上海档案馆资料目录》，上边说，单是上海当年投入民间口头文学的人员就达5万人，各街道、乡、镇资料共209卷451册。

中国民协各省、直辖市、自治区上报的口头文学普查资料乡、镇、县卷本，现在保存我们手中的共5166本，总字数超过8.4亿字。而现今，第三次口头文学抢救还未结束，这个字数还在与日俱增。

上边说的这些材料全是第一手的，它们直接来自田野。其中1000多册是手抄本和腊版刻印的油印本。其本身已具有珍贵的文物价值。

这是多么巨大而珍贵的文化财富、文学财富、精神财富！然而，更重要的工作摆在我们面前，就是将它数字化，建立中华民族的口头文学数据库。这一工程得到文化部和中国文联的有力支持，并且列入文化部国家资助的项目。我们要用数字化的方式将这些失不再来的文化财富可靠地保护起来。我们要给古代文明安一个现代

中国口头文学遗产数字化工程全记录

《中国口头文学遗产数字化工程全记录》文化档案
2014
中国文史出版社

的家。这个家必须是：严格的学术分类，科学的程序编排，完善和方便的检索方式，以利于切确的保存，还有传播、使用与弘扬。

有人问我它到底有多珍贵。我说将来它就是另一部《诗经》，或者说是无数部《诗经》。大家都知道，两千五百年前，我国历史上第一部文学作品《诗经》中最精华的部分——"国风"和"小雅"，就是当时采集的民歌。那么这个集中国口头文学之大成的数据库将有怎样的价值？我们为什么称它将是"中国民间口头文学的四库全书"？

这次将被数字化的民间口头文学，是五千年来农耕社会流传到近半个世纪的最宝贵的口头遗产。它的原始性、原真性、文献性、整体性、资源性无可比拟。可以说，历史上大量的传说故事、谚语、歌谣只能在这里找到。因为六十年来，许多口头讲述它的人早已不在，连收集整理者不少也已辞世。这使我们想起半个世纪前中国民间文学普查时，提出的"忠实记录，慎重整理"，那几代人就是本着这样的原则一字一句地进行收集与整理。这8亿多字里，凝聚着多少前辈文化工作者的心血？

每每面对这8亿多字，我们对那些曾经在田野大地默默劳作、不计报酬的前辈学者和文化工作者，真是心怀深深的感激与敬意。如果没有他们的努力，今天恐怕连一半也无从得到了。

我们会接过他们的工作，实现他们的愿望，将人类这一宗无可比拟的文化遗产保护好，并让这无比灿烂的口头文学流传下去。

最后我想说，经过长期的千头万绪的田野普查，一项不能或缺的阶段性的工作已经摆在面前，那就是对普查成果进行学术整理。一方面，是我们必须为每一项遗产建立科学和严谨的档案，这档案是一个国家必须拥有的。另一方面，遗产的保护更需要科学依据。特别是在非遗进入当今的市场化的时代，如果没有经过学术认定的原真性的科学依据，没有专家指导，没有清醒的自觉，就会丧失文化的本色与个性的本质，致使非遗迷失在花花绿绿的市场中。

近期我们启动的"中国古村落代表作项目"和"口头文学遗产数字化工程"，都是在这样的思考中展开的。

对前人的文明创造负责，对后人真正的文化传承负责，是我们这一代人文知识分子的使命。

我们一定做好,希望领导和社会各界支持。

(在"中国口头文学遗产数字化工程启动仪式"上的讲话,2010.12.30 北京)

总目之意义
——《中国口头文学遗产数据库总目》序言

中国口头文学遗产数字化工程自 2010 年启动，旨在将中国文化界半个多世纪以来从田野大地收集到的十数亿字的民间口头文学数字化，建立起"中国民间口头文学数据库"。这是中华民族历史上首次对自己的口头文学遗产按照学术规范，进行全面和科学整理的超大规模的文化项目。

中国因其农耕历史悠久，幅员辽阔，民族众多，自然不同，地域多样，民间文化创造极其斑驳，形式十分丰富，体量极其庞大，口头文学表现得尤为突出。口头文学是人民大众自己创造的文学，它直接体现人民精神的天地和文学的创造力，直接体现一个民族的精神向往、性情气质和人文传统。我国口头文学相传之久、流布之广、种类之多，世所罕见。口头文学是一种集体的文学创造。可以说，每一人都是口头文学自觉和不自觉的携带者和创作者，两个人在一起就有口头文学的传播。在由农耕文明向工业文明转型时，要对此前这样的无所不在的无形的文学进行搜集、挖掘、整理岂是易事？

所幸我国知识界这种文化自觉来得较早。大型的有组织的口头文学抢救有三次，都是中国民间文艺家协会发起和组织的。第一次是上世纪五十年代（1957）发动的民歌调查；第二次是自八十年代（1984）起在全国展开的"中国民间文学三套集成"的搜集整理工作，这一工作延伸到世纪末；第三次便是本世纪初规模浩大的中国民间文化遗产抢救工程。由于第三次突出了遗产性，且是从文化视角认识口头文学的，因而对其本质与价值的认识深度就更进一层。口头文学被作为了整个抢救工程的重中之重。

由是而今，经过几代民间文化学者和工作者坚持不懈的努力，坚持抢救第一，坚持田野工作，所搜集和整理的各类民间文学达十多亿字，这在世界上都是不可想象的。民间文学创造的规模不可想象，文化抢救的数量也不可想象。这些口头文学的记录文本现在主要保存在中国民协。民间文化是在生活进程中生生灭灭的，大量当年搜集到的口头作品，今天已不再流传，为使这些珍贵遗产不会得而复失，成为民族宝贵的文化记忆并能为今天与后世享用，中国民协便于2010年开启了史上空前的数字化工程。中宣部、文化部、中国文联给予了强有力的支持。

为保证这一工作的学术质量和技术质量，中国民协一方面组织了编委会和专门的工作室，邀请了当今国内这一领域最优秀的专家学者负责编纂事宜；一方面，与汉王公司合作进行数字化处理与数据库建设。此项工作前无先例，无可借鉴，又要兼顾使用、研究、检索、查询、存档等多种功能与要求，难度甚大。然而，幸有各位专家学者之严谨与执着、组织者之勤奋与敬业，以及汉王公司高水准的技术支持，时过五年，计划中口头文学数字化工程第一期已经完成，这一期字数达8.78亿字。数据库基本构建完成。

口头文学第一期工程完成后延伸的工作是编制《中国口头文学遗产数据库总目》（下称《总目》），以纸质的图书形式出版。其目的有：一、提供使用的索引；二、得以纵览数据库存录的所有篇目；三、为数据库提供必要的文献性物证。

为此，依照上述要求，编写《总目》体例。在这部《总目》的编制过程中，首次使用了刚刚建成的数据库。

这部《总目》以省（自治区、直辖市）划分，以省立卷。内容以体裁分类，按类列出数据库所存录作品的篇名，各篇皆注有民族、流传地区、出处、讲述者、字数和数据库编号。在各类体裁篇目前，都有对该类口头文学基本概念与特性的表述。在各省卷卷首，还邀请权威专家著文，对该省口头文学总体状况、地域特点和搜集历史予以综述。其余编纂要点，皆写在各卷的"凡例"中。

这部《总目》无疑有助于对数据库总体的了解，有助于数据库的使用。

尽管中国口头文学数字化工程仍在进行中，新二期工程（字数约10亿字）在等待着我们启动。但是首期完成的数据库和《总目》，应是我们民间文化界五十年来对口头文学抢救和整理工作的一个阶段性的总结，一个巨大的值得自豪的成果。对于我们自己，这既是一个成就，更是一种自我的鼓励。我们一定在这条来自田野的文化之路上坚定地走下去，用我们的双手，把中国口头文学这一伟大的历史文化遗产挖掘和整理好，传承下去，成为永久的民族财富。

2015.10.18

《中国口头文学遗产数据库总目·河北卷》文化档案
2016
文化艺术出版社